황수영 산문집

아무 목이나 끌어안고
울고 싶을 때

이불섬

너무 많은 눈빛, 말,

그런 것들을 온몸에 묻히고 집에 돌아올 때면
아무 목이나 끌어안고 울고 싶기도 했다.

의혹이 없어 곧은 눈빛,
아무것도 숨기지 않은 순순한 말,
단정하고 절박한 사람의 꼭 그런 문장,
포옹, 기꺼운 포옹,

그 모든 것이 아무 목이었던 날.

아무 목이나 끌어안고 울고 싶을 때

1부   한 번 헹군 마음

1003동 711호의 산세베리아	22
시쿰시쿰한 마음	24
가만히 가만히	30
대수롭지 않은 고백	34
이름이 사소하다는 이유로	38
내 원픽은 나	42
일회일비에서 삼한사온까지	44
꿈과 사자	48
마음을 푹 놓고 보내는 여름	52
긍지의 영역	56
한 번 헹군 마음	62

2부   호명의 시간

되고 싶은 인간이 되는 게 좋겠지	70
모처럼, 여름 아침	74
수국은 안 부담스러워요	78
용계리 95-13번지의 토마토	80
조개껍질이나 돌멩이처럼	86
호명의 시간	88
덜 능숙한 어른	94
사실…	100
작은 슬픔 같은 건 좀 시시해져요	106
모두와 잘 지낼 수는 없어요	110
먼 데서 오는 눈	116

3부 이쪽으로 건너올 수 있어요

작은 기적　　　　　　　　　　124
6월 28일　　　　　　　　　　 130
가는 비 내리는 날에　　　　　 136
너그러워지는 순간　　　　　　138
이쪽으로 건너올 수 있어요　　144
수영 씨 너무 좋네요　　　　　150
고작 그런 용기　　　　　　　 156
입력값을 주세요　　　　　　　162
퍼즐 맞추기　　　　　　　　　166

부록　　　　　　　편지와 노래

아무 목이나 끌어안고 울고 싶을 때

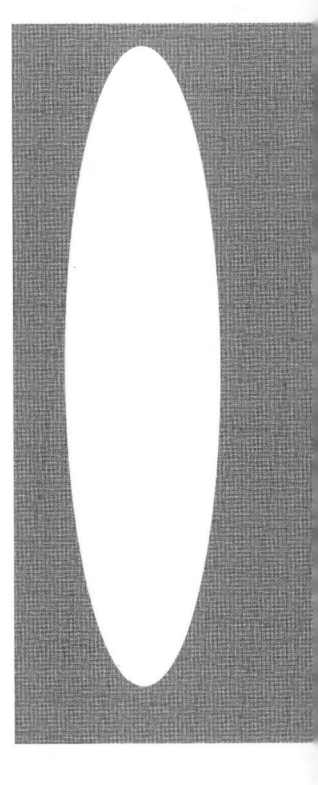

아무 목이나 끌어안고 울고 싶을 때

1부

한 번 헹군 마음

1부

1003동 711호의 산세베리아

 1003동 711호에는 산세베리아가 살았다. 산세베리아는 겨울을 다 못 건너고 죽었다. 엄마는 내가 물을 주는 방법이 틀렸다고, 그래서 뿌리가 다 썩어서 죽은 거라고 했다. 물을 주는 것에도 방법이 있다는 게 지금 생각하면 당연한 일인데 그때는 그걸 몰랐다. 내가 마음대로 주는 물은 산세베리아를 살게 하는 게 아니라 죽게 했다.

 내가 또 살게 한답시고 죽이고 있는 게 있을까 봐 모든 게 조심스러워진다. 나와 살을 맞대고 살아가는 모든 것에 내가 뿌리는 물이 그를 죽게 만들지는 않을까 하고. 혹시 어저께 만났던 친구는 아닐까. 사랑하는 까만 개와 작은 손 작은 발을 가진 나의 조카는 아닐까. 사랑하는 이들에게 주는 물이 사실은 그들의 뿌리를 썩게 하고 있으면 어쩌지.

 이런 생각이 들 때마다 세상 모든 것에 두려움을 느낀다. 도망가고 싶은 마음이 불쑥 튀어나온다. 그럴 때면 조용히 먼 것에 대해 생각한다. 바다나 해가 잘 들지 않는 숲길 같은 것. 할머니, 버리지 못하는 작은 일기장, 겨울 짐 박스 안에 든 모서리마다 헤진 종이 같은 것. 민기, 지원과 슬기, 천진했던, 아직 다 부끄러운 줄은 몰랐던 시절에 거쳐 간 작은 친구들. 끝을 생각할 수 없었고 언젠가 끝이 났던 것들을 하나하나 세어본다. 영원할 것 같았으나 언젠가 끝이 났던 모든 것을 생각한다. 가깝고 작은 것들이 두려워질 때마다.

새벽 3시 24분.
지금 자꾸 괴로워지는 마음이 아주 먼 것이 되려면 몇 번의 겨울을 지나야 할까. 아무리 추운 밤도 끝이 난다. 아무리 긴 밤이어도 그 끝에는 아침이 온다는 사실을 꾸역꾸역 되새긴다. 추운 밤, 잠들지 못해 길고 길더라도 새벽 동이 틀 거라고. 아침이 올 거라고. 질긴 오징어 같은 희망 따위를 질겅질겅 씹는다.

눈이 내렸으면 좋겠다. 먼 데서 와서 이마에, 발끝에 부딪히는 눈이.

1부

시쿰시쿰한 마음

 사는 일이 어렵다고 느끼는 게 처음도 아니고 하루 이틀 이야기도 아닌데 꼭 처음인 것 마냥 어색하다. 반가운 상대가 아니니 악수를 청해 분위기를 전환할 수도 없어 눈앞에 놓인 어려운 일들을 데면데면 바라본다. 그냥 본다. 대체로 삶의 어려운 일 앞에서 내가 할 수 있는 게 거의 없기 때문이다. 그냥 보는 것 정도면 양호한 대처다. 인터넷으로 둘이서 살 집을 알아보는데 친구에게서 문자가 왔다. 마음이 시쿰시쿰하다고.
 시쿰시쿰한 마음, 그건 어떤 마음일까. 시큰시큰도 아니고 시큼시큼도 아닌, 꼭 시쿰시쿰이어야 하는 그 마음은.
 손목 발목 같은 연결점이 시큰시큰할 때처럼, 그러니까 막 찢어질 것처럼 아픈 건 아니지만 쉽게 잠들 수는 없는, 내내 걸리는 마음일까? 아니면 음식이 쉬었을 때 나는 냄새처럼 시큼시큼한 마음인 걸까? 그것도 아니면 시리다의 '시'와 곰팡이 냄새를 말할 때 쓰는 쿰쿰하다의 '쿰'을 가져다 쓰는 말일까?

 이런 말도 안 되고 세상에 별 쓸모도 없는 생각을 길게 한다. 혼자서 별 쓸모없는 생각을 하는 것 정도로는 세상에 아무 일도 일어나지 않는다는 게 좋아서. 누군가에게 상처를 주지도 않고 걱정을 끼치지도 않는 조용한 나만의 일이니까. 내가 그런 생각을 하느라 많은 시간을 지체하고 있다는 사실을 아무도 모른다는 것도 좋다.

 세상의 빛과 소금이 되고 싶다는 바람은 꿈을 가지라는 온갖 카피에 뒤덮였던 10대 시절에 잠시 잠깐 품은 것으로 충분하다. 충분하다 못해 넘친다. 나는 아무 이름도 되고 싶지 않다. 빛과 소금도, 슬픔도 눈물도 되고 싶지 않다. 그냥 조용히 내 자리에서 생각하고 생각하는 사람이 되고 싶을 뿐인데, 그렇게 조용히 가만히 살다 보면 금방 사는 일의 어려움과 직면하게 된다. 부족한 보증금으로 충분히 살만한 집을 알아봐야 하는 지금처럼.

 어쩐지 시쿰시쿰한 마음이 어떤 마음일지 알 것 같다. 나와 연결된 지점을 가진 것들. 마음이 시쿰시쿰하다는 친구, 노트북을 붙잡고 세상에 별 쓸모없는 말을 두들기는 내 옆에 장난감을 내려놓고 나만 쳐다보는 강아지나, 내가 살아야 하는, 살 수 있는 집이나, 내가 먹어야 하고, 먹을 수 있는 음식 같은 거. 그렇게 나와 닿아 있는 것들이 막 찢어질 듯 아프거나 델 것 같은 열감으로 나를 조이지는 않지만 그들과 닿은 연결점에서 시큰시큰하게 통증이 올 때의 마음. 또 언젠가 상처받은 것을 제때 처치해 주지 못해서 한구석에서 쉬어버린 마음. 바깥쪽은 매서운 바람이 불어 시리고 그보다 안쪽은 환기가 되지 않아 쿰쿰한 냄새가 날 때의 마음. 그 모든 게 다 시쿰시쿰한 마음 아닐까.

마음이 시쿰시쿰하다. 여기저기 내 삶과 닿은 것들이 시큰거린다. 내 강아지, 내 친구들, 내가 해야만 하는 일, 내가 하고 싶은 일, 내가 할 수 없는 일, 내가 살아야 하는, 살고 싶은 모양들…. 시리다. 이 구석 저 구석의 울고 싶은 마음, 위로받고 싶었지만 거절당했던 오래된 마음들…. 쿰쿰하다.

찬바람에 손 시리고 마음에선 쿰쿰한 냄새가 난다. 가을이다. 곧 겨울이 올 것이다.

○

"그런 기분으로 사람과 사람, 마음과 마음 사이에 떨어진 부스러기들을 쳐다보고 만지고 모으고 있었어요. 그러는 동안 아마 사람들은 내가 가만히 있는 줄 알았을 거예요. 움직임이 없는 상태를 가만히라고 말하는 것에 대해 다시 한번 생각을 해봐요. 그건 정말 가만히일까….

또 이야기가 이렇게 되네요.
이런 말을 하려고 했던 건 아닌데."

1부

가만히 가만히

사흘째 비가 내리고 있다. 처음 울릉도에서 잠들던 열흘 전 밤에는 낭만적이기만 했던 파도 소리도 지겹기만 하다. 비에 젖은 흙냄새 풀 냄새에도 감흥이 생기지 않는다. 언제나 그런 것에서 위로를 얻었으면서도 오늘만큼은 통하지 않는다.

무거운 발코니 창을 닫고 에어컨을 켰다. 파도 소리가 크게 들리지 않는다. 습하던 공기가 금세 차갑고 건조해졌다. 싫다고 여기던 것을 다 바꿔버렸으니 이제는 괜찮아야 할 차례인데 마음을 희뿌옇게 덮은 해무는 여전히 꽉 차 있다. 바깥의 풍경도 다 상관없는 짙은 해무 같은 마음이 되었을 때 어떻게 해야 하는지를 알려준 사람은 없었다.

소란스러운 건 파도만이 아니고, 습도 높은 것은 그저 공기의 이야기가 아니다. 내 마음이, 나를 둘러싼 것들이 나를 소란스럽게 만들고 습도를 높였다. 어떻게 이런 마음을 다루어야 하는지 아직도 잘 모르겠다.

한 번 헹군 마음

이럴 때 어떻게 해야 하는지 왜 아무도 알려주지 않았을까. 지나간 사람들을 원망하기 시작했다. 누군가를 원망하지 않으면 결국 화살이 스스로에게 돌아올 거란 것을 알기 때문에. 비겁한 것을 안다.

시간이 조금 필요하다.

...

비릿하던 냄새가 상쾌해졌다. 습하기만 하던 바닷바람이 기분 좋게 드러난 살을 훑고 지나간다.
마음이 변하는 게 이렇게 잠깐이다. 너무 잠깐이라 어쩐지 울고 싶어졌지만 지금은 그저 고요를 찾았다는 것에 감사하기로 했다. 습한 바닷바람과 파도 소리, 비릿한 냄새를 피해 도망가고 싶었던 마음이 다시 그로 인해 위로받고 있다는 사실에 감사하기로 했다. 그리고 순식간에 바뀐 내 마음에 대해서는 지금은 생각하지 않기로 했다. 지금은. 언젠가는 그 마음도 마주해야겠지.

...

먼바다의 가장자리에서 분 바람이 만든 파도가 이 바다를 다 건넜을 때 어떻게 부딪히며 부서질지 알 수 없다. 다만 시간이 지나면 어떤 파도가 바다를 다 건넌다는 것을, 다 건너고 나면 뭍에 부딪힌다는 것을, 부딪히고 나면 하얗게 부서질 거라는 것을 안다. 단지 그걸 알기에, 나는 이 물결도 견딜 것이다. 기다리고 기다리다가 부서지는 파도를 보며 안도 비슷한 것을 토해낼지, 아니면 엄습하는 불안감을 움켜쥘지는 아직 잘 모르겠다.

...

그렇게 싫던 바깥의 소리가 갑자기 황홀하게 들린다. 싫었던 건 파도 소리가 아니라 아마 나 자신이었을 것이다. 조용히 순간의 파도를 사랑하기로 했다. 유난하지 않은 눈길로 어둠 속에서 오로지 그것만이 하얗게 부서지는 광경을 바라보기로 했다. 가만히, 또 가만히.

1부

대수롭지 않은 고백

 어렸을 땐 서로의 비밀을 공유하는 것이 친구 됨의 유일한 증표라도 되는 양 굴었다. 비밀을 속삭이는 일을 나 한 번, 그리고 너 한 번. 그러다 한쪽이 비밀을 밝히길 꺼리는 순간엔 그 관계가 끝났다는 듯이 굴기도 했다. 꼭 배신이라도 되는 것처럼. 그런 얄팍한 친밀감이 일기장에 달린 손톱만 한 자물쇠처럼 어린 시절 내내 달려 있었다. 일기장 귀퉁이에 기어이 달려 있던, 잠그는 힘은 없던 자물쇠만큼 소용없는 게 또 있을까.

 오늘은 친구가 되어가는 중인 귀여운 사람을 만났다. 그에게 비밀 같은 이야기를 했다. 실은 비밀도 아니었지만 지금까지 한 번도 꺼내 본 적 없는 이야기였다. 그리고 그 또한 비밀은 아니지만 지금까지 꺼내 본 적은 없는 이야기를 슬쩍 꺼냈다. 그게 자연스럽게 느껴졌다.
 집에 돌아와서 생각해보니 어쩐지 그와 친구가 되

한 번 행군 마음

어가는 중인 게 아니라 친구가 된 것 같은 기분이 들었는데, 그래서 조금 들떴고, 그래서 조금 무서워졌다.
혹시 내가 먼저 비밀 비슷한 이야기를 꺼낸 게 그에게 은연 중에 부담을 준 걸까? 하고 싶지 않은 말을 한 건 아닐까? 너무 고백 같은 마디들을 떠올리면 그 말은 하지 말 걸 그랬나. 그런 생각도 들었다. 어쨌든 나는 나에 대해 고백했고, 그는 그에 대해 고백했다.

오늘 만난 친구를 다시 만날 땐 샌드위치나 장을 본 이야기를 하고 싶다. 대수롭지 않은 이야기를 하고 싶다. 커피 이야기나 떡볶이 이야기도 좋겠고. 뭔가 대단한 것을 우리가 공유했다는 좁은 훌라후프 같은 착각을 멀리 던져버릴 수 있는 이야기를 하고 싶다. 그냥 샐러드나 나누어 먹어도 좋겠지. 아니면 이런 마음에 대해서 고백해도 되겠지. 사실은 너무 비밀 비슷한 이야기를 해서 걱정했다고. 솔직한 마음을 보여줘도 괜찮을 것이다.
가장 대수롭지 않은 고백을 이어가는 것이 우리를 더 좋게 할 것 같다는 예감이 든다. 어쩌면 친구가 될 수 있을지도 모른다.

○

"하고 싶은 말과 할 수 있는 말이 다를 때, 그 간극에서 오는 불안을 견디는 것이 어려워요. 하고 싶은 말을 모두 털어놔야만 할 것 같아요. 그래도 할 수 없어서 꾹 참을 때. 주머니를 뒤적거리지만 아무것도 걸리지 않아요. 그런 허전함… 헛헛함….
하고 싶은 말과 할 수 있는 말이 일치할 때는 겨울의 붕어빵 리어카를 마주쳤는데 주머니에 마침 삼천 원쯤 있는 기분이에요.
오늘은 하고 싶은 말을 참아요. 아직 할 수 없는 말이라서요. 언제 할 수 있을까요. 영원히 못 할 수도 있지 않을까요. 우리가 더 가까워지면 좋겠다. 이렇게 간단한 고백을 오늘은 하지 못했어요. 그렇지만 우리가 더 가까워질 수 있을 것 같다는 예감이 들어요."

1부

이름이 사소하다는 이유로

정오에 일어나 먹은 것을 아침이라고 하기엔 머쓱하고, 그렇다고 점심이라 하자니 두 번째 식사라는 뜻 같아 결국 이름을 얻지 못한 나의 첫 식사는 이렇다. 바나나 한 개, 사과 반 개. 그렇게 먹고 조금 모자라서 배추 다섯 잎을 더 먹었다. 생식이나 다이어트식을 하는 것은 아니고, 해롭지 않은 간편식이라고 하면 되려나. 조리과정이 없는 생식은 많이 움직이고 싶지 않은 첫 끼 식사에 알맞다.

3분 만에 땡 하는 인스턴트 음식들이 몸속에서 그리 건강한 작용을 일으키지 않는다는 것은 분명해 보인다. 나는 지금보다 조금 더 건강하게 살고 싶다. 건강한 삶을 위해 먹는 음식을 바꿔보고 싶고, 가능하다면 사람의 몸과 환경 모두에 건강한 것으로 하루의 식사를 꾸리고 싶다.

새해를 맞아 무언가를 다짐할 만큼 순수한 사람은 아니지만 새해에 새로 마음먹은 일이 있다. 이르게 출

한 번 행군 마음

근해서 늦게 퇴근하는 바쁜 삶을 사는 것도 아니고, 하루 중 대부분의 시간을 집에서 보내면서 라면이나 3분 땡만 주워 먹고 사는 걸 이젠 그만둬야겠다는 것. 매일 그런 것만 먹고 사는 몸이 건강할 리 없다는 것은 두말하면 잔소리지 않을까. 게다가 간편하게 먹을 수 있는 음식 중 상당수가 먹고 끝나는 게 아니라 많은 쓰레기를 만든다. 가뜩이나 마지못한 식사를 한 것도 개운하지 못한데 식사 후 분리수거 통에 수북하게 쌓이는 스티로폼이나 플라스틱 용기를 보면 괴로웠다. 컵라면, 컵밥, 편의점 도시락, 심지어 요즘은 배달시킨 짜장면도 몽땅 일회용 용기에 담겨 오니 단지 한 끼 식사를 했을 뿐인데 환경을 망가뜨리는 일에 거들고 나서는 것 같았다.

그리하여 먹는 일에 시간과 마음을 써보기로 했다. 시간과 마음을 들이지 않고는 그게 무엇이든 쉽게 바꿀 수 있을 리 없을 텐데, 아무렴 당연하고 따분한, 매일 반복되는 끼니를 챙기는 일이라면 더욱이 그럴 테지. 마지못해 때우는 식사가 아닌, 나와 나를 둘러싼 것에 해를 끼치지 않는 하루 습관을 가지기 위해 나는 얼마큼의 마음과 시간을 들일 수 있을까?

하루 중에 한 번은 반드시 찾아와서 당연하고, 때로는 따분한 일. 그래서 가끔 대충 넘기게 되는 일. 이름이 사소하다는 이유로 소홀하던 것들을 건강하게 챙기는 일로 하루를 채워보려고 한다. 그런 것을 바삐

챙기는 것으로 스스로에게 좋음을 만들 수 있을 것이다. 마음과 시간을 들여 좋음을 만들 수 있다는 건 얼마나 멋진 일일까.

다음 주부터는 현미밥을 지어 먹으려고 한다. 5일마다 열리는 동네 장에 가서 채소를 사 올 것이다. 쌈 채소는 그때그때 깨끗이 씻어 생으로 먹거나 데쳐 먹고, 버섯이나 감자를 볶아 반찬을 만들어야겠다. 겨울엔 배추가 제철이라 생으로 먹어도 아삭하고 달큼한 게 맛이 좋다. 반죽을 만들어 배추전을 구워도 좋고. 입이 심심할 땐 달고 맵고 짠 자극적인 간식이나 청량음료 대신에 귤이나 사과 같은 제철 과일을 챙겨 먹어야겠다. 이렇게 의욕을 내다가 금방 3분 땡으로 돌아갈지도 모르지만, 한 번 해본 것과 한 번도 해보지 않은 것은 완전히 다르니까.

6시 취침, 12시 기상도 가능하면 4시 취침에 10시 기상 정도로 바꾸고 싶다. 3시 취침에 11시 기상도 좋고, 2시~10시도 좋겠다.

그렇지만 야심한 시각 24시간 문 여는 떡볶이집에 가기 위해 운전하는 유난이나 두 사람이 마음 맞아 하나 끓여 먹는 라면도 굳이 마다하지 않으려 한다. 무엇보다 즐거운 마음이 건강한 삶의 첫걸음이라고 생각하니까.

오늘의 야식은 올리브유에 구운 가지. 케첩이나 마요네즈를 찍어 먹어도 맛이 좋다.

1부

내 원픽은 나

조급하다. 쓰는 사람으로 살아간 이후로 하루도 조급하지 않은 날이 없다. 잘 써지면 잘 써져서 조급하고 잘 안 써지면 잘 안 써져서 조급하다. 잘 써질 때는 잠깐이라도 쉬고 있으면 쉬는 동안 이야깃거리가 다 증발해버릴 것 같다. 지금은 잠깐 운이 좋아서 잘 써진 것 뿐, 금방이라도 다시 잘 안 써질 것 같다. 잘 안 써질 때는 그냥 그 자체로 불안하다. 영원히 못 쓰는 인간이 될까 봐 무섭다.

똑같은 조급함이어도 전자는 플러스의 기운이다. 조금 촐싹맞아지고, 호들갑스러워지는 것이다. 어떡해, 어떡해, 잘 써지네. 오늘 많이 썼네. 내일은 또 안 써지면 어떡해, 어떡해. 하는 식의 방방 뛰는 상태. 춤도 조금 춘다. 익룡 소리도 조금… 낸다.

후자는 참담하다. 암울하고 어깨가 축 처진다. 어깨만 처지는 게 아니라 마음까지 축 늘어져서 조급한 마음이 겉으로 나오지 못하고 안으로 파고든다. 내성 발톱처럼 점점 안으로 파고드는 조급함은 마음을 상하게 한다. 많이 많이, 아주 많이 상하게 한다.

　진짜 문제인 날은 잘 안 써지는 데다가 이전에 써놨던 것까지 몽땅 형편없어 보이는 날이다. 그럴 땐 방법이 없다. 누군가 건드리지 못하게 알아서 잘 숨어 있는다. 이럴 때는 누가 톡 건드리기만 해도 빵하고 터질 것 같아서. 톡 건드린 사람은 무슨 죄라고.
　정말 능숙하지 못한 태도가 아닌가. 나도 내가 존경하는 선생님들처럼 비가 오나 눈이 오나 슬프나 기쁘나 매일 몇 시부터 몇 시까지는 꼭 글을 쓰는 사람이 되고 싶기도 하다. 하지만 그러고 싶지 않은 마음이 지금은 더 크다. 아직은 별 규칙이 없는 상태의 내가 더 좋다. 규칙이 있는 것이 더 좋아지면 그렇게 하겠지만 지금은 아니다. 글을 썼냐 안 썼냐 하는 고작 이런 일에 일희일비하면서 조금 잘 써지면 춤추는 내가, 하나도 못 쓰면 세상 누구보다 슬퍼지는 내가 싫고 또 싫지 않아서 나를 좀 더 응원하고 싶다. 춤도 추고 익룡 소리도 내고 내성 발톱처럼 파고드는 무언가와 씨름도 하면서 지내기를 바란다. 그런 나를 좀 더 응원하고 싶다. 성장 과정을 지켜보는 것만큼 즐거운 것도 없으니까. (내 원픽은 나!)

1부

일희일비에서 삼한사온까지

요즘의 상태를 네 글자로 표현한다면 '일희일비'다. 더 정확하게는 '일일희일일비'. 하루 기쁘고 하루 슬픈 날이다. 글 때문이다. 그저께는 글이 잘 돼서 기뻤다가 어제는 글이 안 돼서 슬펐는데 오늘은 또 괜찮게 돼서 기쁘다. 오르고 내리는 것이 급하게 바뀌어서 적응하기가 힘들다. 그렇게 오르내리다 보면 잠이나 식사나 규칙적인 생활 같은 건 뒷전이 된다. 글만 잘 되면 다행이라는 심정으로 참고 지내기는 하지만, 글도 글이지만 사는 것이 먼저인데 이러다가는 글에 잡아먹힐 것 같다. 고 쓰지만….

아니. 아니다. 사실 그 정도는 아닐지도 모른다. 그렇게 거창한 말로 내 삶이나 글을 수식하고 싶지는 않다. 나는 언제나 코앞까지만 내다보고 싶고, 팔을 뻗으면 손 닿는 범위의 일들만 잘 가꾸고 싶다. 바라는 건 그 정도다. 자세는 쪼그려 앉은 자세. 텃밭을 가꾸면서 그게 세상의 전부인 것처럼 구는 손바닥 농부처럼, 좁은 시각으로 눈앞의 일만을 온통 겪어내고 사랑

한 번 헹군 마음

하고 싶다. 그게 뭐든 거창한 건 하나도 어울리지 않는 사람이 되고 싶다.

대단한 글을 쓰지는 않지만 하루를 시작하고 마치기까지 내내 글 생각뿐이다. 잘 쓰고 싶다, 언제까지 써야 하는데, 이런 거 쓸까, 저런 거 쓸까…. 그런 생각을 하며 나를 쥐고 흔들다 보면 아무 쓴 것 없어도 너덜너덜해진다. 쉬고 싶어진다. 이럴 때는 책장에서 책을 몇 권 빼 든다. 남의 세계에 잠깐 발을 담그고 있으면서 그 세계의 에너지를 얻는다. 유려하고 능수능란한 문장들을 만나면 쉽게 주눅 들기도 하지만, 나에게 없는 생경함의 에너지를 빌려 나만의 에너지로 전환한다. 풍력 발전소의 큰 바람개비나 수력발전소의 물레바퀴가 된 마음으로 마음을 빙글빙글 돌린다.

내가 만들 수 있는 글이 있다고 이제는 믿는다. 믿어도 슬플 때는 슬프고, 기쁠 때는 기쁘다.

오늘은 기쁨. 내일은 슬픔일지도 모르지만 그만두지는 않을 것이다. 잠깐 남의 세계에 발을 담그고 몸도 마음도 식히는 시간을 가지며 조금만 슬퍼하겠다. 조금 슬퍼하고 많이 감탄하는 동안에 배우고 자랄 것이다. 어쩌면 온 인생을 갖다 바쳐서 하게 될 일일지도 모른다. 그래도 괜찮지 않을까. 큰일보다 작은 일에 목매고 싶은 내 바람에 이보다 꼭 맞는 일이 있을까.

작은 일에 목매야지. 그게 인생의 전부인 것처럼 사랑하고 사랑해야지. 모으고 끌어안아야지. 차곡차곡 저장해야지. 그래도 될 것 같다. 그러면 적어도 내 손이 닿는 범위 내에서 나로 인해 외로워서 괴로워지는 영혼은 없지 않을까.

내게 손을 뻗는 사람들이 대단히 큰일에 온 에너지를 쏟는 동안 나는 너무 외로웠고 괴로웠으므로, 또 다른 내가 생기지 않기를 바란다. 적어도 내 손으로 누군가의 외로움을 만들고 싶지는 않다. 너무 큰 욕심일까?

그래도 일희일비는 몸과 마음이 숨 가쁘다. 삼일 춥고 사일 따뜻한 겨울 기후랑 비슷하게 삼일 슬프고 사일 기쁜 루틴으로 글을 써나간다면 좋겠다. 바라는 건 그 정도다. 너무 큰 욕심이 아니었으면 좋겠다.

1부

꿈과 사자

꿈속의 나는 여섯 살의 나에게 가 있다. 그쯤의 내 옆에는 항상 언니가 서 있다. 옆이 아니라 약간 더 앞쪽에. 언니는 나를 마주 보지 않는다. 흘긋 돌아보는 법도 없다. 나는 언니를 통해서 모든 것을 보고 있다. 언니만 바라보는 것은 아니지만 모든 것을 언니의 어깨 너머로, 언니의 팔 사이로 보고 있다. 혼자서는 아무것도 볼 수 없는 여섯 살의 마음이다.

나는 왜 자꾸 여섯 살의 나에게 가는 걸까. 옷자락을 잡고 있는 손끝은 왜 슬픈 걸까.

그날의 꿈에서도 여섯 살쯤의 내가 언니보다 반 뼘 뒤에 서서 언니의 옷자락을 잡고 있었다. 온통 뛰어다니는 사람들 사이였다. 나는 뛰어다니지 않는다. 혼자서는 아무것도 볼 수 없고 결정할 수 없는 여섯 살이기 때문에 언니가 어떻게 하자고 할 때까지 그냥 기다리고 있다. 아홉 살의 언니는 벽 너머를 바라보며 '사자는 어쩌지'라고 말했다. 언니가 사자는 어쩌지라고 말하는 순간 사자는 풀려났다. 사자가 도망갈 수 있어서 다행이지만 나는, 나는 어쩌지.
 언니의 옷자락을 놔야 할 것 같다는 생각, 그건 여섯 살의 내가 하는 생각이 아니다. 여섯 살의 나에게가 있는 스물일곱인 나의 생각이다.

 꿈과 사자 같은 것에 자주 사로잡힌다. 그건 나쁜 것도 아니고 나를 괴롭히는 것도 아니지만 많은 날의 나를 사로잡는다. 사로잡은 것은 사로잡힌 것의 마음을 알 수 없다. 사로잡힌 마음은 사로잡은 것의 마음을 자주 상상한다.
 힘이 있는 것들. 사로잡는 것들. 둘러쌀 수 있는 것들. 온통 그것일 수 있는 것들.
 나는 그 울타리 안에 들어갈 수 없다. 나는 힘이 없고 사로잡히고 둘러싸여 있을 때라야 겨우 나일 수 있다. 하지만 그건 정말로 나일까. 그렇다고 내가 아니면 또 무엇이고.

 나이면서 나 아닌 것이 꿈에는 많다.

○

"그러니까 어떤 거냐면, 포장지와 리본을 두른 행사장의 빈 상자 옆에 선 마음이에요. 그건 과자나 젤리를 담았던 상자일 수도, 유리잔을 담았던 것일 수도 있지만 그게 원래 뭐였는지는 아무도 궁금해하지 않아요. 그래도 언제나 선물처럼 서 있는 빈 상자. 그게 선물이 아닐 거라고는 의심조차 하지 않는 어린아이. 그 모든 걸 몇 걸음 뒤에서 바라보는 어른의 감각이요. 그걸 뭐라고 이름 붙여야 할까요. 쓸쓸함이나 어색함과 닮긴 했지만 그보다는 쓰라리고, 처량함이나 초라함보다는 덜 가엾은 마음. 이름 붙이기 어려운 그런 이상한, 이상한 마음이에요."

1부

마음을 푹 놓고 보내는 여름

여름의 일을 떠올리면 괜히 눈이 부신 것 같아서 눈을 꼭 감게 된다. 여름의 일들은 어떻게 그렇게 눈부신지. 내게 있었던 일들이 아닌 것 같아 자꾸 아득해진다.

태풍이 몰려오는 여름 바닷가에서 우리가 어떤 이야기를 했더라. 기억이 잘 나지 않는다. 오락가락하는 날씨 때문에, 새로운 숨을 쉬기가 벅찰 만큼 습한 공기에, 뜨겁다는 말로도 모자란 뜨거움에, 여름 앞에서는 나의 계획이나 다짐 같은 게 몽땅 무용지물이 돼버렸다. 그러니까 우리의 여름 일을 기억하는 데 실패한 것도 이상한 일은 아니지.

내가 꼭 여름 같다던 사람의 말을 꺼내 본다. 여름과 가장 먼 그런 표정으로 알 수 없는 말을 남기고 다시는 오지 않는 사람. 그때는 알 수 없었던 말을 이제는 알 것 같다고 생각하면서 마음 같지 않았던 여름들을 떠올린다. 아이스크림이 녹아서 막대를 타고 금방 팔꿈치까지 흐르는 기분. 그런 기분일 때는 눈이 저절로 꾹 감긴다. 여름의 일을 떠올리는 건 역시 아득하지. 아름다워서, 눈이 부셔서, 알 수 없어서.

긴 소매 옷을 입고도 팔을 문지르던 밤에 누가 내게 막대 아이스크림을 건네주며 그랬다. 하드를 한여름에 먹는 사람들은 바보라고. 하드는 원래 추울 때 먹는 거라고. 바보 같은 소리라고 생각하고 픽 웃어버렸지만 쌀쌀한 날씨에 녹지 않는 아이스크림, 그게 뭐라고 또 마음이 놓이는지.

마음을 푹 놓고 보내는 여름이 올 수 있을까. 그런 여름을 영원히 기다리는 것이 나의 여름의 일일 것만 같다.

○

"왜 여름만 되면 마음을 다 쏟아놓게
되는 걸까요.

빛처럼.
여름의 빛처럼."

1부

궁지의 영역

 살아가는 일의 피로함을 온 피부로 느끼는 빈도가 높아졌다. 여간 따가운 게 아니다. 빈도만 높아졌을까. 예전에는 마음이 쿵 내려앉는 정도의 큰일이 있을 때만 크게 울고, 삶이란 온통 슬픔임을 실감했었다. 그런 뒤에라도 금세 다 잊은 듯 활기찼지만, 요즘은 큰일은 물론이고 스치는 한순간의 장면 앞에서도 깊은 슬픔에 빠진다. 뒷모습이나 손 뻗음, 호탕한 웃음 뒤에 느껴지는 애달픔 앞에 마음이 내려앉는다. 그리고 그 장면을 잘게 쪼개어 오랫동안 붙잡고 있다. 물에 젖은 채로 겹쳐진 얇은 종이를 찢어지지 않게 한 장, 한 장 떼어내는 마음으로 엉킨 생각과 느낌들을 들춰본다. 써야 하기 때문이다. 이제는 그런 순간을 목격하고 온 피부가 따끔하게 느낀 뒤에는 쓰지 않고는 배길 수 없는 사람이 되었다. 여러모로 살아가는 일이 전보다 피로해졌다.

 모두의 삶에 도사린 작고 큰 슬픔이나 피로감이 꼭

내 것처럼 가슴이 답답하다. 내 것만으로 모자라서 그러는 것은 아니고. 슬픔이나 피로감은 내 것만으로도 허덕일 만큼 좁은 마음을 가진 주제에 지나가는 한 장면에도 온통 마음을 빼앗긴 채 골몰한다. 눈 돌리기가 빠듯한 하루들이다.

이런 빠듯함을 어떻게 돌파할 수 있을까. 알 수 없다. 그런 방법이 있기나 한지. 대신 빠듯함은 빠듯한 대로 두고 새로운 시간, 새 영역에서 새롭게 생겨나는 긍지를 찾는다. 틈만 나면 풀 위에 자리를 펴고 눕는 일도, 크게 파도치는 바다 앞에서 열 손가락을 쫙 펼치고 찬 바람을 사이사이로 통과시키는 것도, 잔잔한 바다 옆을 걸으면서 기분 내키는 대로 흥얼대는 것도, 가장 좋아하는 음식을 제일 좋아하는 사람들과 나눠 먹는 것도 다 새로 생겨나는 긍지에 밀접한 영역이다.

그러나 나의 경우에 가장 크고 확실한 긍지는 쓰기에서 온다. 줄줄이 언급한 새 긍지에 밀접한 영역들도 사실 따지고 보면 다 내가 쓰고 싶은 순간들이니, '나의 긍지는 오로지 쓰기에서 온다'는 다소 단호하고 대단해 보이는 말로 모두를 대신해도 틀린 말은 아닐 것이다.

변변찮은 책 몇 권을 만들어 둔 입장에서 쓰기에 대한 대단한 마음을 고백할 때마다 괜히 빚진 마음이 들지만 정말로 그렇다.

정말로 쓰고 싶다. 잘 쓰고 싶고. 그런 생각을 아침

에 눈 뜨고 밤에 눈 감는 시간까지 종일 하고 있다. 자다가 잠깐 깨어 화장실에 가거나 물을 마실 때도 생각한다. 특별한 일정이 없어도 매일 피곤한 얼굴을 하고 있는 이유다.

하잘것없는 이야기를 하는 주제에 온 세상 유난을 다 끌어다 쓰는 내가 싫고, 또 싫지 않다. 원래는 싫어했고, 싫지 않게 된 건 내가 아닌 다른 이들의 힘을 빌려 그렇게 됐다. 작은 일에 온 마음을 쏟는 내가 좋다고 하는 사람들의 힘을. 나는 아직 겨우 싫어하지 않는 정도지만, 또 나를 좋다고 하는 사람들의 힘을 빌려 이보다 더 자랄 수 있을 것이다.

말을 듣거나 하고 나면 나아지는 마음, 그 작은 마음 하나 때문에 우리가 계속 이야기와 장면을 나누게 되는 거 아닐까. 삶이란 온통 슬픔이지만, 모두의 삶에 도사린 작고 큰 슬픔이나 피로감이 마음속에서 빠듯하지만, 우리가 계속 슬픔의 귀퉁이를 떼어 나누는 동안에는 함께 긍지의 영역으로 들어갈 수도 있다.
그럴 수도 있다는 작은 희망, 이것을 품고 오늘도 쓴다. 내일도. 모레도.

○

"너무 자주 외롭다고 하면 외로운 줄 모를까 봐 가끔씩만 외롭다고 한다는 사람의 어깨나, 실은 내어준 거지만 언제나 빼앗겼다고 말하게 되는 마음, 마음, 마음 같은 거."

1부

한 번 행군 마음

 울고 싶었다는 내 말을 듣고 나서 내도록 마음이 아팠다는 사람의 순순한 눈짓을 떠올린다. 그러면 조금은 더 살 수 있을 것 같다. 그 사람이 나에게 포옹을 걸어오던 온기를 떠올린다. 그러면 또 조금은 더 살 수 있을 것 같아서 일단 오늘은, 오늘까지는 살기로 했다. 오늘은 살아있자. 눈짓과 포옹을 조금 더 연장시켜보자. 한 번은 더 실감해보자. 하고서.

 일단 오늘은 살자고, 오늘까지는 살자고 마음먹는 것. 아침마다 마지막 인사를 준비하는 마음. 새하얀 마음. 울음을 참는 마음을 떠올리는 마음.
 마음과 마음, 그 사이의 부스러기들을 모아 끌어안고 잠드는 것.
 작은 뒤척임에도 애초에 없었다는 듯이 모두 흩어질, 아무 이유가 없는 것들을 그러모으는 것. 그것만이 이유의 이유인 양 빤히 쳐다보는 것. 그러나 움켜쥐지 않는 것.

그런 사람이 여기에 있는 것. 저기에도 분명히 있음을 믿는 것.
그러니까 도무지 이유 없는 것. 그것만이 이유의 이유인 것.

한 번 행군 마음을 널어둘 곳을 매일, 매일 찾아야 하는 것. 그것이 나에게는,

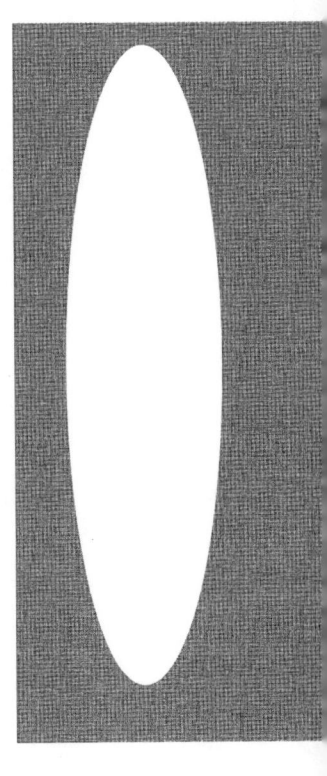

한 번 행군 마음

2부

호명의 시간

○

"좋은 사람이 될 수 있을까. 유연한 사람이 될 수 있을까. 느슨한 사람이 될 수 있을까…. 그런 말들이 오랫동안 맴도는 아침에는 빨리 씩씩해지거나 천천히 다정해지고 싶어요.

저는 너무 천천히 씩씩해지고 급하게 다정해지는 사람이라서 자주, 쉽게 실망해요.

빨리 씩씩해지는 사람의 기꺼움과 천천히 다정해지는 사람의 속단하지 않는 마음을 가지고 싶다고 생각했어요. 가질 수 없다면 빌리기라도 하고 싶다고. 그런 생각을 하는 동안에는 아주 멀리까지 가야 하는 길목에 선 것 같아요. 길고 길어서 끝나지 않을 것 같은 길. 힘들어도 다시 돌아 나올 수는 없는 길. 그런 길을 눈앞에 두고 있으면 얼른 걷고 싶기도, 그냥 걷고 싶지 않기도 해요."

2부

되고 싶은 인간이 되는 게 좋겠지

'작가가 되려면 어떻게 해야 하나요?'
한 친구가 이런 질문을 한 적이 있다.
작가가 되려면 어떻게 해야 하는 걸까? 나는 작가가 된 사람일까? 작가라는 이름은 어떻게 얻을 수 있는 걸까?
잘 모르겠다. 등단에 관한 이야기는 고루해서 더 보탤 필요가 있을까 싶다. 내가 좋아하고 존경하는 작가 중에는 등단한 작가도, 등단하지 않은 작가도 많다. 내가 사랑하는 시인과 소설가의 글을 등단 제도를 통해 만날 수 있었으니 폐해라고까지 하고 싶진 않지만, 등단 여부로 자격이 있고 없음을 자르고 나누는 것은 말 그대로 고루하지 않나 싶다.

'무엇'이 된 사람보다는 '~인 사람'에 가깝고 싶다. 명사보다는 동사나 형용사의 힘을 더 내 것 삼아 살고 싶다. 나는 '작가'가 된 사람이 아니다. 그저 쓰는 사람, 쓰려는 사람, 계속 쓰는 사람, 계속 쓰려는 사람이다.

 한때는, 그러니까 독립출판물을 만들어 내고부터 2년 정도까지는 누가 작가님이라고 부르는 게 그렇게 부끄러울 수가 없었다. 낯이 뜨거워서 듣고 있기가 어려웠다. 오랜만에 만난 친구에게는 이런 말도 했다. 내가 무슨 작가야, 그냥 잡가지 잡가.

 이제는 작가라는 말에 많은 무게를 싣지 않으려고 한다. 작가라는 말이 뭐 별건가. 가볍고 싶다. 지금까지 너무 무겁게 살아온 것 같아서. 그러니까 다음에 누가 작가가 되려면 어떻게 해야 하냐고 묻는다면 이렇게 말하고 싶다.

 '그냥 되세요.'

 작가가 되기로 결심하고, 아니 결심까지 갈 필요도 없이 그냥 되기로 하고 쓰면 되지 않겠느냐고. 쓰고, 쓰려고 하고, 계속 쓰고, 계속 쓰려고 하면 좋겠다고. 신춘문예나 문학 신인상에 응모해도 좋고 아니면 그냥 오늘부터 1일이라고 외친 뒤에 뭐든지 쓰자고 말하고 싶다. 쓰는 사람에게 제일 중요한 건 쓰는 거니까. 그게 심심하단 생각이 들면 머리를 질끈 묶어보거나 안경이라도 하나 새로 맞추거나 컴퓨터 바탕화면에 글 폴더를 만드는 정도의 비장함이면 되지 않을까.

 그냥 되세요. 되고 싶은 인간이 되세요.

 그렇게 말해주고 싶다.

 '되고 싶은 인간이 되는 게 좋겠지.'

나에게 자주 했던 말이다. 아침형 인간, 말을 예쁘게 하는 인간, 싫은 것을 참지 않는 인간, 육식하지 않는 인간, 쓰는 인간. 내가 한때 되고 싶었고, 돼봤던 것들이다. 몇은 더 이상 원하지 않아서 그만두었고, 몇은 여전히 이어지고 있다. 되고 싶은 인간이 되는 게 좋겠지.

요즘은 건강한 인간이 되고 싶다. 되고 싶은 인간이 돼야지. 되기 싫은 인간이 되지 않는 것도 좋을 것이다.

2부

모처럼, 여름 아침

모처럼 개운한 몸으로 일찍 일어났다.

여덟 시 반. 고요하고 단정한 아침을 누릴 기회를 놓치고 싶지 않아서 얼른 일어났다. 한동안 겨우 몸을 일으키고선 한참을 눈 비비며 개운치 못하게 아침을 맞거나, 오후 늦게야 일어나곤 했으니까. 사실 마냥 일찍 일어났다고 하기엔 열 시간이나 잤다.

일어나자마자 요리하는 건 벅차니 밑반찬을 꺼내 간단히 아침을 먹었고, 아침 빛이 좋아 덧창을 하나 열었다. 책상 위로 떨어진 햇빛의 자리를 따라 손가락으로 선을 그어보면서 이틀 전 써두었던 편지 한 통을 다시 읽는다. 책상과 종이가, 그 위를 따라 움직이는 손가락까지 노란 여름 아침.

편지에 노란 여름 아침과 어울리는 그림을 하나 끼워 보내고 싶어졌다. 연한 노란색의 시집을 하나 펼쳐 시와 시 사이에 노란 레몬이 그려진 그림엽서를 끼웠다. 멀리까지 가는 동안에도 구겨지지 않을 것이다. 그림의 보호를 위한 시집이기도 하지만, 반대로도 틀리지 않는다. '호숫가의 버드나무 아래서 은은히 빛나길 바란다'는 뜻의 이름을 가진 사람에게 꼭 어울리는 페이지에다가 그림을 끼워뒀으니 시집의 갈피를 위한 그림이기도 하다.

사람 사이에서도 그런 것이 좋겠지. 내가 나일 수 있게 보호해 주는 사람과, 꼭 기억하고 싶은 페이지에 갈피가 되어주는 사람. 마냥 한 방향으로만 흐르는 것이 아니라 마주 본 사이를 골고루 흐르고 또 흐르는 사이.

모처럼 일찍 일어났고 모처럼 날이 맑다. 모처럼 밖에 나가 편지를 부치고 새로 산 책을 읽어야겠다. 모처럼이라고 계속 강조하고 있지만 실은 그냥 그렇고 그런 아침. 별로 대단할 것 없는 모두가 맞는 아침. 모든 아침.

아침, 햇빛, 창문, 편지, 여름, 시, 얼굴…. 그런 것들을 깊이 들여다보는 하루였으면 좋겠다는 생각이 만들어낸 오늘의 주문. 내일이 되면 더 이상 통하지 않을지도 모르지만 오늘은 모처럼이라는 말이 근사한 주문이 될 것 같다. 오늘만 쓸 수 있는 주문이라 더 근사한 것일지도 모르겠고.

모처럼 맑고, 노란, 여름,
아침이다.

○

"불안이나 긴장, 혹은 고갈이나 소진 같은…. 그게 뭔지 분명하지도 않은 상태로부터 내가 안전하고 싶은 한 아무런 일도 벌어지지 않을 거라는 실감. 그 실감이 저를 안심시켜요. 종종 너무 많은 일들이 벌어지곤 하니까요.

제발 아무 일이 일어나지 않길 바라는 아침들이 이어지면 절박해져요. 안심과는 너무 먼 마음이 되는 거예요."

2부

수국은 안 부담스러워요

 나는 수국이 너무 크고, 꽃잎도 너무 많다고 생각했다. 그리고 내게 '너무 크다'나 '너무 많다'는 말은 부담스럽고 불편하다는 뜻으로 통한다. 너무 크거나 많은 것을 볼 때면 높은 확률로 마음이 불편해진다. 몹시 화려하거나 고개를 위아래 좌우로 한참 돌려야 겨우 눈에 들어오는 것들. 높은 빌딩이 모인 도심, 빈자리 없이 가득 찬 영화관, 어깨가 너무 많은 지하철, 10분 안에 다 먹으면 공짜라는 커다란 그릇들, 관광버스로 꽉 찬 순천만 국가 정원의 주차장, 소문난 식당이나 관광지의 포토존 앞으로 늘어진 줄…. 그런데 그 불편하고 부담스러운 리스트에 꽃이 올라간 것은 나로서도 조금 당황스러웠다. 수국은 어쩌다가 그런 푸대접을 받게 됐을까.

 몇 해 전 여름이었다. 제주 동쪽 마을의 수국 길이 무척 아름답다고 들었는데 그쪽으로는 발도 못 붙이고 이름난 관광지에만 억지로 다닌 적이 있다. 제주가 원래 수국이 많은 땅인 건지 수국 길이 입소문을 탄 뒤로 너도나도 옮겨 심어서인지는 모르겠지만 유명 관광지에서도 제철을 맞은 수국을 볼 수 있어 반가웠다. 드문드문 피어있는 수국이 아름답다고 느끼던 찰나 들려온 큰 소리.

'얘, 나 여기서 사진 한번 찍어 줘. 수국 많아 보이게. 아이, 이건 뒤에 딴 나무가 너무 많이 나왔네. 그냥 가까이서 한 장 더 찍어 줘.'
'이러니까 꼭 수국밭에서 찍은 것처럼 보이네'
호호호, 하하하 하던 유쾌한 웃음소리들.

나는 어째서 이렇게 예민한 인간일까. 어쩌다 인간을 미워하는 인간이 됐을까. 또 미우면 미웠지 왜 애먼 수국에게 너무 크다느니 꽃잎이 너무 많다느니 화풀이일까. 마음들이 흘러넘쳤다. 부담스럽고 불편했다. 이틀 뒤 골목에서 마주친 수국에도 순순한 눈짓 보내지 못한 몇 해 전 여름의 나. 너무 뜨거웠다.

할 수 있다면 올해 6월쯤엔 제주 종달리의 수국 길을 걷고 싶다. 뜨거운 공기가 밤사이 식어 선선한 여름 아침, 길 위에서 느린 눈인사를 건네고 싶다. 드물게 이른 시간에 눈을 뜰 것이다.

길을 걸을 때 보폭은 크지 않게, 또 눈빛에 너무 많이 담지는 말고. 단정한 걸음, 다정하나 뜨겁지 않은 눈짓. 몰래 토라졌다가 몰래 화해하는 머쓱한 재회엔 그 정도면 딱 좋겠다.

2부

용계리 95-13번지의 토마토

어릴 적 대구의 신천 물줄기를 거꾸로 따라가다 보면 만나는 '용계리'라는 동네에 살았다. 냇가에 뿌리를 내린 산수유나무가 우리 대문 앞으로 가지를 내 계절마다 노란 꽃을 피우고 빨간 열매를 맺었다. 자연스러운 곳이었다. 마당의 배나무와 석류나무가 때맞게 열매를 맺고, 겨울엔 붉은 동백이 피었다. 여름이면 할머니와 배나무 그늘 밑 투박한 나무 의자에 앉아 부채질을 하며 긴 오후의 해를 피했고, 마당 구석에 몰래 집을 만든 길고양이에게 아롱이 다롱이라는 이름을 붙여 언니와 한 마리씩 내 고양이라고 부르는 깜찍한 짓도 했다. 정작 걔네는 몰랐겠지만. 작은 텃밭에선 철에 따라 조금씩이나마 찬거리를 얻을 수 있었는데, 나에게도 흙으로부터 스스로 간식을 얻을 기회가 주어진 적이 있다.

8살 무렵에 어린이 학습지사에서 방울토마토 심기 키트를 보내준 적이 있다. 그 학습지에서 어떤 지식을 얻었는지, 얼마간 그것을 받아보았는지는 생각나지 않지만 방울토마토의 씨앗과 씨앗의 처음을 덮어 줄 흙이 담겨 푹푹했던 봉지의 감촉만은 또렷이 기억난다. 허겁지겁 포장을 뜯던 작은 손이 많이도 들떴다. 적당한 크기의 화분을 하나 얻어 씨앗을 심고 흙을 덮고 물을 줬을 거다. 잘 자라라고 매일매일 그 이름을 불러가면서.

얼마간 시간이 흘러 작은 싹이 줄기를 뻗고, 잎을 틔우고, 노란 꽃을 피우고, 열매를 맺었다. 열매는 연두색이었다가, 노란색이었다가, 8살의 내가 아는 크레파스 색깔 이름으론 결코 표현 못 할 색이었다가 마침내 붉은 토마토가 되었다. 적당히 익은 토마토는 수돗가에서 씻어 바로 입에 넣었다. 그것은 8살의 나에게 아주 커다란 자랑거리였기 때문에 동네 친구 몇을 데려와 하나씩 따주었던 기억이 난다. 분명 엄마에게도 귀찮을 정도로 재잘대며 자랑했을 테고, 학교 글짓기 대회에서 뽐낼 동시의 주제였을지도 모른다. 또 '나는 오늘'로 시작하는 그림일기장에 그리고 썼을지도.

밭에서 길러낸 많은 작물이 그렇듯 토마토는 흐르는 물에 슥슥 닦아 꼭지만 떼어내면 그만이다. 버릴 것이 없다. 흙으로부터 온 많은 것이 그렇다. 그저 흙에서 나고 흙으로 돌아가는 자연스러운 시작과 끝이 아닐 수 없다. 자연스럽다는 말이 얼마나 대단한지, 아름다운 말인지를 새삼 생각해본다. 비가 내리고 햇살이 내리면 요란 없이 자라 푸릇한 연두색이 노름한

빛을 띠고, 또 그것이 붉게 물들어 작은 방울이 되고, 작은 입속에 들어가는 일. 그리고 그 과정이 오롯이 나의 것인 일. 어쩌면 가장 자연스러운 것이 가장 강렬한 것일지 모른다고, 나는 그렇게 믿는다.

지금은 현관문을 열면 회색빛 콘크리트가 보인다. 눈을 감고 용계리의 마당을 그려본다. 옆집 담벼락에 장미 덩굴이 오르고 산수유나무 옆으로 조롱박이 달렸던, 내 손가락만 했던 석류 열매가 주먹만큼 커지는 것을 볼 수 있었던 용계리의 마당. 그 마당 가운데 자리, 수돗가와 가장 가까운 곳에 놓였던 두 뼘짜리 화분. 그것이 나에게는 많고 많은 토마토 중 가장 붉고 강렬한 토마토의 기억이다.

용계리 95-13번지의 토마토.

○

"그래서 그 부스러기들을 모아서 뭘 했냐면, 아무것도요. 그냥 만져보고 쓸어보고 모았다가 다시 흩뜨리면서…. 그게 다예요. 그러니까 정말로 카페트 위에 손가락으로 그림을 그리는 마음과 같았어요. 목적도 성취도 없이. 그냥 그걸 해야 할 것 같아서 하는 것뿐이었어요. 아이 때는요, 그런 일을 수없이 반복하는 동안에 조금의 의문도 없었어요. 이렇게 시간을 보내도 괜찮은 걸까. 마음을 조급하게 만드는 그런 의문이요. 지금은 반반이에요. 의혹과 의미 사이에서 줄을 타다가 의혹이 더 세게 잡아당기는 순간 줄에서 내려오는 거예요. 아이였던 나와 어른인 나의 가장 큰 다름이 여기서 드러나요. 아이였던 나는 등 너머에서 이름을 부를 때까지 그 시간 안에 혼자 멈춰 있었지만, 어른인 나는 누가 이름을 부르지 않아도 시간을 흐르는 것으로 만들 수가 있어요. 그렇지만 그게 정말로 내가 만든 걸까요? 또 영원할 것 같았던, 흐르지 않는 그 시간은 그저 아이의 흔한 착각에 불과했던 걸까요?

어떻게 살아야 하는지 어떻게 사는 게

좋은 건지 당연하게도 알 수 없지만, 세상에는 마땅히 이렇게 해야 한다고 정해진 게 너무 많은 것 같아요. 그런데 이상하게도 정해진 대로 하라는 사람은 많은데 자기가 그렇게 정했다는 사람은 한 번도 만나보지 못했어요.
저는 그게 좀 이상하고 웃기다고 생각해요."

2부

조개껍데기나 돌멩이처럼

어린아이가 바다 앞에 서서 파도가 나한테 말 거는 것 같다고 말한다면 뭇 어른들이 짐짓 황홀한 표정을 지으며 어떻게 그런 생각을 했냐는 둥, 표현이 뛰어나다는 둥 유난을 떨겠지만, 나는 어린아이가 아니다. 괜히 그런 말을 꺼냈다가는 진부하거나 조금 느끼한 말쯤으로 치부될 것 같아 조용히 바라만 본다. 다만 입안에다 매어둔다. 한번 떠오른 말은 언제고 쓰이기 마련이니까. 잊어버리면 또 그뿐이지만.

밀려든 말은 한 번에 쭉 빠져나가고 끝나는 게 아니라 파도처럼 또 밀고 오고, 또 밀고 오기 때문에 아무리 진부하고 뻔한 말이라 해도 언젠가는 쓰이고 만다. 몇 번의 경험 끝에 알게 됐다. 지금 이렇게 파도가 말을 거는 것 같다는 이야길 결국 꺼내고 만 것처럼.

대단히 신선하고 새로운 문장을 찾아 써내는 데는 뜻도 재능도 없다. 탄식할 만한, 그리하여 누군가의 마음을 닿게 할 말도 내게는 없다. 그저 해변에서 조개껍데기나 돌멩이를 바닷물에 한 번 헹구어 줍듯이 떠오른 말들을 주워서 어느 구석에 두고는 가끔 꺼내어 보거나 잊어버리는 정도다. 결국 나의 쓰기는 그런 게 아닐까. 너른 모래사장에서 돌멩이 하나 주워다 주머니에 소중히 넣는 것. 그러다가 물수제비를 뜨거나 모래사장으로 다시 던져버려도 그만인 것.

제주에서 지낼 때 자갈에 굴러 반들반들해진 유리 조각이나 조개껍데기, 돌멩이 따위를 주우려고 해변에 가곤 했다. 빛깔이 곱고 모양이 신기한 것을 줍기도 하고 손톱보다 작거나 손바닥에 꼭 맞는 걸 줍기도 했다. 그걸 손수건에 싸서 집에 가져와 몇은 버리고 몇은 잃어버리고 몇은 상자에다 넣어 두었다. 맘에 드는 두 개쯤은 가방 안에 늘 가지고 다녔다.

넓은 해변에 널리고 널린 게 조개껍데기와 돌멩이지만, 그중 하나를 주워 손바닥 위에 올려놓거나 주머니에 넣는 순간만큼은 각별해진다. 넓은 해변의 돌멩이 같은 내 글이 누군가에겐 손바닥에, 마음에 꼭 맞아서 그들의 주머니나 상자에, 가방 안에 작은 구석을 내어주기도 하겠지. 특별하고, 특별하지 않고, 또 특별하다. 그러나 결국 조개껍데기나 돌멩이일 뿐인 일. 다시 던져버려도 아무것 아닐 일이다. 그런 일을 사랑한다. 잊어버리면 또 그뿐이겠지만.

특별하고, 특별하지 않고, 또 특별하다.

2부

호명의 시간

 많은 문장들이 머릿속을 떠돈다. 이걸 정리하는 일을 적어도 하루에 한 번은 해야 한다. 머리맡, 침대 옆 작은 테이블과 거실의 커다란 테이블, 들고 다니는 가방마다, 차 콘솔박스에까지 작은 수첩을 두었다. 자주 떠오르고 자주 잊는 나에게는 이것이 기본 세팅이다. 펜 역시 언제든지 쓰기 쉽게 여기저기 구석구석 준비해두어야 한다. 모든 가방과 파우치, 이 책상과 저 책상, 냉장고 옆 선반에도 베개 옆에도 종이와 펜을 둔다.
 그렇게 떠도는 말을 붙잡아둔다. 붙잡은 말들은 한 번씩 꺼내 읽어본다. 글을 쓰고 책을 팔면서 살아가기로 한 후부터는 매일 빼먹지 않고 하는 일이다. 개중에는 쓸만한 게 있어서 글감으로 쓰거나 막히는 글을 부드럽게 하는 윤활제로 쓰이기도 하지만 대부분은 그냥 버려진다. 가끔은 이게 무슨 의미가 있나 싶다. 그래도 마냥 허무하지만은 않다.

호명의 시간

하루에 한 번은 해야 하는 일엔 또 뭐가 있을까. 하루, 한 번. 그토록 사소한 이름을 입고서 묵묵히 곁에 있는 것들은 또 얼마나 중요한 일일까. 그리고 그렇게 중요한 것을 얼마나 놓치면서 살아가고 있을까. 이름이 사소하다는 이유로.

사소한 이름들을 일부러 시간과 마음을 써서 불러본다. 사소한 이름을 입고서 묵묵히 곁에 있는 것들을.
오늘, 하루, 매일, 아침, 바다, 숲, 나무, 풀, 인사, 미소, 토닥이는 손, 포옹, 응원, 눈 마주침, 공원, 벤치, 식탁….
또 사람들 입에서 자주 오르내리는 동안 이름의 힘이 닳아 퍽 사소해졌으나 결코 사소하지 않은 것들의 이름도 부른다. 사랑, 희망, 용기, 믿음, 연습, 마음, 약속, 내일, 위로…. 또 내 곁의 사랑하는 이들의 이름을 소리 내 불러본다.

호명. 그건 정말로 정말로, 정말로 근사한 일이다. 새로운 탄생들이 끊임없이 일어나는 일이다.
우리가 서로의 이름을 부를 때, 이름 없던 것의 이름을 처음 지어 부를 때, 이름 있는 이에게 이제는 나만 부르게 될 새 호칭을 지어 주고 부를 때…. 그럴 때 새롭게 생겨나는 것들이 있다. 그런 건 가끔씩 눈에 보이기도 하지만 대체로 눈에 띄지 않는다. 눈에 띄지 않아도 느낄 수 있다. 마음속에 퐁당. 무언가가 들어오는 것을. 가끔은 쿵. 하고서.

마음은 얼마나 깊거나 얕을까. 가끔씩 생각해보면 아득해진다. 아득해지는 그만큼이 마음의 깊이일까.

지금 아주 약간의 용기를 내서 무엇이든 불러보자고, 이름을 부를 때 새로 태어나는 모든 것을 반갑게 끌어안자고 말하고 싶다. 그게 무엇이든. 호명은 정말로 정말로, 정말로 근사한 일이니까.

우리에게 호명의 시간이 필요하다. 함께 할 수도 있을 것이다.

○

"이름 붙여 부르는 것에서 번지는 온
화하고 거대한 물결
당신의 이름을 다르게 부르고 싶다
내가 아는 가장 작고 사소한 온기로
지어 부르고 싶다
그것은 나의 앞바다
언제나 잔파도가 이는 곳

이름을 붙이지 않고 부르지 않고는
배길 수 없는"

『해변은 여름』 중

2부

덜 능숙한 어른

 바캉스 책을 만들고 있다. 머릿속에서만 만들고 있다. 작은 기적 같았던 바캉스*, 내 삶에 끼워 넣는 매일매일의 바캉스가 좋아서 그 이야기를 담은 책을 엮기 위해 예열 작업을 하는 것이다.

 처음에는 주제가 확실한 에세이집을 만드는 게 꺼려졌다. 주제가 있는 에세이는 어느 분야를 능숙하게 이야기할 수 있는, 이야기보따리가 먹음직하게 통통한 이야기꾼들의 영역 같은 느낌이 있다. 하지만 나는 너무 능숙하지 못한 사람이고, 그럼에도 바캉스라는 주제로 이야기하려는 것은 나만이 할 수 있는 바캉스 이야기가 있을 거라고 믿기 때문이다.

 감칠맛이 철철 넘쳐서 입에 착착 붙는 그런 글을 영원히 쓸 수 없을지도 모른다. 나는 미숙하고, 취약하고, 손이 많이 가는 사람이니까.

 가끔 이런 고민을 한다. 나는 더 능숙해져야 하는 걸까.

호명의 시간

 그렇다면 그런 사람들이 내 글을 읽으면 좋지 않을까? 조금 미숙하고, 취약하고, 손이 많이 가는 그런 사람들 말이다. 미숙한 사람과 미숙한 사람이 만나면 능숙하거나 성숙한 결과를 만들어낼 수도 있다. 취약한 사람과 취약한 사람이 만나면 조금 단단해질 수도 있다. 손이 많이 가는 사람과 손이 많이 가는 사람이 만나면… 여전히 손이 많이 가겠지만, 내 손을 남을 위해 뻗는다는 건 또 얼마나 마침맞은 온도의 행동일까.
 다시 한번 생각한다. 나는 더 능숙해져야 할까.
 미숙하고, 취약하고, 덤벙대고, 넘어지고, 잘 우는 나를 보면서 이런 내가 싫다며 절규하기도 하지만 사실 이런 내가 싫지 않다. 이런 나라서, 이런 나만이 볼 수 있는 어떤 구석을 발견할 수 있다. 발견한 것을 잘 전달하고 싶다. 할 수 있을 거라고 믿는다. 앞으로 더 잘 할 수 있을 거라고. 그리고 누군가 내가 전하는 이야기를 들어줄 거라는 것도 믿는다. 비록 능숙하지 못한 이야기꾼이지만, 능숙하지 않아서, 서툴러서 더 눈길이 가고 더 간절히 응원하게 되는 순간을 우리는 많이 만나봤다.

 그리고 가끔은 이런 고민도 한다. 어쩌면 나는 덜 능숙해져야 하는 게 아닐까.
 위로가 필요한 사람 앞에서 어딘가 매뉴얼이 있는 듯 행동하는 나를 볼 때, 도움을 필요로 하는, 하지만 피해 가고 싶은 누군가를 마주했을 때, 내게 말하는 사람을 앞에 두고 다른 생각을 할 때, 그럴 때 나는 너무 능숙한 것 같다. 그런 내 모습이 나를 슬프게 한다.

내 인생에서 가장 아름다운 위로는 언제나 조준에 실패해서 박치기에 가까운 우리 강아지의 포옹과 뽀뽀다. 늘 처음인 것 같은 어설픈 모양으로 가장 따뜻한 위로를 주는 작고 따뜻한 내 친구 깜디. 나는 깜디의 서투름을 닮고 싶다.

문득문득 겁이 난다. 어쩔 수 없는 어른이 되어버릴까 봐. 어린 마음으로, 언제나 처음 해보는 것처럼, 천천히, 조심스럽게, 그리하여 모든 마음을 쏟을 수밖에 없게, 그렇게 마주하고 싶은 일들이 많이, 아주 많이 있다.

글쓰기도 그런 영역에 있다. 크게 자리를 차지하고 있다. (그러나 결과물은 능숙하게 나왔으면 좋겠다. 그러니 글을 쓸 때마다 혼미하고….)

*3부,「작은 기적」중

○

"바다 앞에 설 때마다 말을 잃는 사람들은 그리운 것을 떠올리는 중일 거예요.

문득 떠오를 때 잠깐 고개를 들어 창밖을 내다보는 그리움이 아니라 평생 제자리를 지키며 낱낱이 기억해야 하는 그리움. 애끓는 그리움.
삼킬 수도 뱉을 수도 없이 영원히, 영원히 머금어야 하는 끓는점의 그리움.
저에게는 그런 사람들의 옆모습을 오래 훔쳐보는 악취미가 있어요.

그런 그리움에 비하면 내가 그리워하는 것은 얼마나 고작인가요. 삼키기도 내뱉기도 하는 것들은.
저는 덜 능숙해져야 하는 걸까요?"

2부

사실…

 내가 조금 용기 있는 사람이 되었을 때 하기 시작한 행동은 '고백하기'였다. 별의 별걸 다 고백했다.
 '사실-'로 시작하는 고백들은 대체로 유치하고, 사소하고, 어이없고, 귀여웠다. 그 고백들은 대체로 실패하지 않았다는 점에서 영악하기도 했다. 거절이나 곤란함의 사인을 보내지 않을 거란 예감이 조금이라도 있을 때만 고백을 했기 때문이다.

 그리고 사실… 내가 '사실-'이라고 말하는 습관에 대해 글을 쓴 적이 있다. 5년쯤 전이었나. 일기장 상자를 뒤져보면 나오겠지만 그러고 싶지는 않다. 5년 전에 쓴 글은 반드시 나를 당황하게 할 테니까. 얼마나 당황스러울지 조금 궁금하기도 하지만 찾지 않을 것이다. 사실… 나는 거짓말에 능숙한 사람이라서 그걸 보고도 보지 않았다고 거짓말을 한 채로 이 글을 마칠 테니까.

얼마 전 친구와 대구에 다녀오기로 했다. 출발하기 전날 누구의 차로 갈지 친구에게 물어봤다. 내 차로 갈 확률이 높은 걸 알면서도 물어본 건 운전이 하기 싫었기 때문이다. 지난주에 내 차로 내가 운전해서 경주에 다녀왔으니 이번엔 네 차로 네가 운전해서 가는 게 어떻겠냐는 속셈으로 한 말이었다. 그러니까 질문처럼 생겼지만 질문이 아니라 유도신문이었다.

친구는 내 차로 가자고 했고, 내심 싫었지만 마지못해 알겠다고 했다. 그날 밤이 새도록 운전이 하기 싫었다. 아침이 돼서도 운전이 하기 싫었다. 친구와 만나기로 한 장소까지 가는 동안에도 운전이 하기 싫었다.

친구가 차에 타자마자 나 운전하기 싫어! 허리 아파! 고속도로 타는 거 싫어! 소리를 지르다가, 그치만 너니까 한다. 나 허리 아프다고 종일 우는소리 할 수도 있는데 짜증 내지 말고 허리 두들겨 줘. 야무지게 투정까지 부린 뒤에야 출발했다.

마음에 담아두지 않고 꺼내는 일. 그것이 불만이든, 슬픈 마음이든, 애정이든 꺼내서 보여주는 일. 그런 건 얼마나 중요한가. 그걸 잘 못 하고 살았다. 그냥 참고 숨기면 되는 줄 알았다. 어느 순간 없어지기도 하는 줄 알았다. 그게 아니라는 걸 알게 된 뒤로는 연습을 했다. 고백하는 연습을. 그럴 때 우리 사이에 더 크게 자라나는 '그래도 될 것 같은 마음'들을 발견할 수 있었다.

 매일매일 고백할 것이다. 가끔은 실패할 거라는 예감이 들 때도. 조금 실망하고 조금 슬퍼져도 다음에 또 고백할 수 있는 나와, 그 고백을 빠짐없이 들어주는 당신을 발견하기 위해.
 고백하는 연습, 그건 또 얼마나 나를 더 자라게 할까. 또 우리를.
 더 용기 있는 사람이 되고 싶다. 그럴 수 있을 것이다.

○

"나한테 정말로 중요한 이야기는 한 마디도 못하는데 쓰기가 다 무슨 소용이에요?

말을 하면 뭔가 달라질 수 있을 거라는 예감, 그게 필요해요."

2부

작은 슬픔 같은 건 좀 시시해져요

유리문을 밀어 열면 훅 끼어드는 습한 공기에 풀 냄새가 깊게 배어 있다. 오후 여섯 시가 넘은 여름의 꽃 시장엔 불이 켜진 집보다 불이 꺼진 집이 많다.

꽃 한 단, 풀 한 단을 품에 가득 안고 17분을 걷고, 골목을 돌아 마당이 있는 서점에 들어가 꽃과 풀을 나누며 웃는 것. 토요일에 보자고 말하는 것. 또 다른 서점에서 꽃과 풀을 펼쳐놓고 몫을 나누고, 글을 읽고, 글을 쓰는 사람들을 가만히 바라보고, 돌아가는 손들에 귀엽게 붙들린 꽃을 보는 것. 처음보다 줄어든 품의 감각을 아쉬워하지 않으면서 내가 없는 곳에서 이 꽃을 만지거나 보거나 할 사람들을 상상하면서 집으로 돌아가는 것.

이런 장면들을 바로 곁에서 목격하고 나면 나를 쫓아다니던 작은 슬픔이 저 멀리 밀려 있는 것을 느낀다. 꽃 한 단, 풀 한 단으로 몇 사람이나 함께 웃을 수 있었는지를 생각하면 작은 슬픔 같은 건 좀 시시해진다. 너무 작아 보여서 다시 밀물에 내 앞으로 온다 해도 똑바로 쳐다보면서 콧방귀를 뀔 수 있을 것 같다.

작은 용기로 작은 슬픔을 밀어낸 결코 작지 않은 일이 우리에게 닥칠지도 모르는 커다란 슬픔을 예감하는 지금에 더 커다란 용기의 실마리가 된다. 나와 사람과 사람들 사이를 흐르는 작은 용기는 흐르는 동안 더 큰 용기로 몸집을 불린다. 그런 일은 눈 깜짝할 새에 일어나서 꼭 마법 같다. 그게 너무 신나서 자꾸 작은 용기를 내본다. 내가 혼자서 낼 수 있는 용기는 고작 그만큼이 전부지만 더욱 불어날 것을 믿으면서. 그리하여 더 커다란 슬픔도 돌볼 수 있는 용기를 얻을 수 있으리란 걸 믿으면서.

○

"아직 내가 할 수 있는 게 있다고 생각하면 마음을 한 번 데쳐서 꺼낸 기분이에요. 뜨거운 김이 모락모락 오르고 선명한 마음, 그건 젖은 것 중에 가장 산뜻한 상태가 아닐까요.

우리가 할 수 있는 게 있을 거예요. 대단하지 않아도 된다는 걸 겪어봤잖아요. 특별한 일을 하지 않아도 특별해지는 순간이 있다는 것도요. 사실은 그렇게까지 큰일은 아니라는 것도요."

2부

모두와 잘 지낼 수는 없어요

 어떤 사람과 하나부터 열까지 다르다는 것을 알아차릴 때가 있다. 단지 취향이 다른 거라면 큰 문제가 되지 않지만, 내가 정말 싫어하는 것을 저 사람이 정말 좋아할 때, 혹은 내가 많이 좋아하는 것을 저 사람은 많이 싫어할 때, 나에게 정말 중요한 것이 저 사람에게는 하찮은 일일 때…. 그게 반복되는 경험이 쌓이면 그 사람이 막 싫어지기도 한다. 그냥 싫은 것 이상으로 끔찍할 때가 있다.

 모두와 잘 지내고 싶을 때가 있었다. 그래서 크고 작은 문제로 누군가와 잘 맞지 않을 때면 나에게서 문제와 해답을 찾으려고 했다. 내가 좀 더 이해하면, 좀 더 참으면, 욕심을 덜 부린다면, 하고 싶은 말을 덜 하면, 더 양보하면…. 그런 말로 나를 먼저 의심하고 나를 먼저 단속했다. 내가 나인 것이 미안해서 나를 바꾸려고 했다.
 지금은 누가 싫으면 잠깐만 싫어하고 만다. 다음부

터는 그 사람을 만나지 않는다. 사람을 미워하지 않기 위해. 서로가 서로에게 어떤 작용을 할 수 없게. 나에게서 문제와 해답을 찾거나 그 사람에게 바꿀 것을 요구하며 싸우는 대신 그냥 만나지 않는다. 누군가가 나를 싫어할 때도 마찬가지다. 내가 나여서, 당신이 당신이어서 미안해야 하는 건 너무 잔인하니까. 모두가 조금씩 틀리고 모두가 조금씩 맞다.

지혜로운 방법인지는 잘 모르겠다. 그래서 주변 사람들이 누군가가 싫어서 괴롭다고 고민할 때 툭, 그냥 만나지 말라고 할 순 없었다. 그렇게 하는 나조차도 이게 조금 비뚤어진 마음이란 걸 알고 있으니까. 그러나 내가 나인 것이, 당신이 당신인 것이 미안한 일이 되지 않았으면 좋겠다는 작은 소망, 이 정도의 작은 소망이라면 그게 설령 조금 비뚤어진 거라도 괜찮지 않을까. 반드시 괜찮을 거란 자신은 없다. 언젠가 이 마음도 생각도 바뀔지 모르겠다. 하지만 지금은 내가 나인 것에 의문을 가지지 않는 것부터 하고 싶다. 내가 나여서 미안하지 않는 것부터.

한 가지 큰 문제는 그만 만나고 싶어도 그만 만날 수 없는 사람이 있다는 것이다. 이를테면 가족. 나는 가족들이 싫어서 미칠 것 같을 때가 많았다. 그러다 미워질 때도.

나에게 중요한 것이 그들에겐 아무것도 아니고, 그들에게 중요한 것을 나 역시 이해할 수 없다. 어렵다.

평생 어려울 것이다. 그만 만나고 싶어지기도 한다. 하지만 사랑하는 마음이 아직은 더 크기에 만나는 것을 그만두지는 않고 가능한 한 부딪히지 않기 위해 애쓰고 있다.

누군가에겐 직장 동료나 상사일 수도 있겠다. 오래 몸담을 생각으로 다닌 직장이 없긴 하지만 일터에서 만나는 사람이 싫어질 때는 최소한의 말미만을 남기고 일을 그만두어서 그 사람을 만나지 않았다. 하지만 그럴 수 없는 사람이 더 많겠지. 그 마음은 얼마나 고단할까. 매일매일 숨이 차지 않을까. 그런 사람에게 툭, 그냥 그만두라고 말할 수는 없지만 당신이 당신이라는 게 자신을 미워하는 이유가 되지는 않았으면 좋겠다. 그건 너무 잔인하니까.

모두가 조금씩 틀리고 모두가 조금씩 맞다.

○

"어떤 사이에서는 서로가 서로를 이해하려고 노력하면 할수록, 그러니까 서로를 위하는 마음에 대화를 하면 할수록 그 사이에 더 큰 오해가 자리 잡는 것 같아요. 돌이킬 수 없을 정도의 큰 오해가.
나는 그럴 때 그냥 서로를 내버려 두는 게 가장 좋은 상태라고 생각해왔어요. 이해하려고 노력하면 노력할수록 불행해지니까.
관계를 망치지 않기 위해서는 노력을 포기할 줄도 알아야 해요.

아는데, 잘 안되는 거죠. 하필 그 사람에게 너무 간절하게 이해받고 싶으니까.
간절한 것들은 도통 잘 이루어지질 않아요. 이루어지지 않을 걸 알아서, 그래서 간절한 건지도 모르죠.
요즘은 뭔가를 소원하지 않는 것 같아요. 대단한 소원이란 게 없어요. 저녁으론 떡볶이에 튀김을 먹고 싶다. 뭐 그런 자잘한 소원들. 소원이라고 이름 붙이기 머쓱할 정도로 작은 것들만 바라고요.

그러나 하필 그 사람에게 이해받고 싶은

마음이 아직도 포기가 되지 않아요.
이해받기 위해서 노력할 때마다 한 번도
빠짐 없이 매번 불행했으면서, 내일 또
이해받으려고 할지도 몰라요."

2부

먼 데서 오는 눈

 눈 내리는 날 깊은 밤부터 동이 트는 새벽까지 깨어 있는 것을 좋아한다. 그런 날엔 아침이 돼도 갑자기 밝아지지 않는다. 날이 다 밝아도 여전히 새벽 같다. 고요하다. 번잡한 풍경이 하나의 색으로 덮인다. 그런 풍경을 보는 게 좋다. 그런 날엔 꼭 뜨거운 곡차를 마시고 싶다. 귤 몇 개가 있으면 참 좋겠고 출근할 곳이 없다면 더욱 좋겠다.

 몇 년 전엔 눈이 많이 오는 날이면 창가에 앉아 엄지손가락만 한 마시멜로를 띄운 핫초코를 마시곤 했다. 마시멜로 두 개를 넣고 전자레인지에 20초 정도 돌리면 딱 좋았다. 제주에 있을 때 이야기다. 그 겨울 제주엔 40년 만에 기록적인 폭설이 내렸고 공항에는 발 묶인 사람들로 가득했다. 나는 제주 공항에서 차로 10분이 되지 않는 게스트하우스에서 일하고 있었다. 게스트하우스에는 돌아가지 못하고 침대를 찾는 사람들로 북적였다. 근심이 가득한 사람들 사이에서 그 속도 모르고 눈 쌓인 구석구석을 찾아다니고 눈썰매를 타러 다녔던, 마냥 해맑았던 그해의 겨울. 그 겨울의 눈. 대구에서 나고 자라 눈을 볼 일이 별로 없었던 나에게는 그해의 겨울이 가장 하얀 겨울로 남아 있다.

특별히 눈을 좋아하는 것은 아니다. 먼 곳의 것이 가장 가까이 닿는 사건. 그런 사건이 일어난다는 사실을 좋아한다. 어렸을 때는 눈싸움에서 매번 지기만 해서 눈을 싫어하기도 했다. 코와 귀, 목도리 사이를 기어코 뚫고 들어온 차가운 것이 살에 닿는 게 싫었다. 사실은 그보다도 얼굴에 큰 눈덩이를 맞아 차갑고 아프고 서러워서 우는 나를 겁쟁이라고 놀리고 비웃는 언니가 싫었다.

구름이 있는 하늘에서부터 내려오는 눈은 아주아주 먼 것일까. 구름보다 더 먼 하늘도 있으니 조금 먼 것이라고 해야 될까. 어찌 됐든 내 손에 닿을 수 없으니 아주 먼 것이라 해도 좋을까. 내 손에만 닿을 수 없으면 아주 먼 것이라고 생각하는 습관을 이제는 많이 미워하지 않는다.

눈이 왔으면 좋겠다는 생각을 겨울이 아니어도 한다. 먼 곳에서 나의 가장 가까운 곳까지 와서 머무는 눈. 그칠 기미도 없이 푹푹 쌓였을 땐 온 세상이 그것으로 충만한데 어느새 흔적도 없이 사라지는 눈.

그런 눈을 기다리는 날이 있다. 먼 것이 가까이 오기를 바랄 때. 아니면 가까이 있는 것들이 아주 멀리

가려고 할 때. 그럴 때마다 나는 멀리 있는 눈을 속으로 부른다. 눈이 왔으면 좋겠어. 눈이 왔으면 좋겠어. 돌림노래처럼 부르면서 괜히 창밖을 쳐다본다. 창밖에 눈이 많이 내리던 날의 영상도 꺼내 본다. 창문에는 푸른 밤, 제주도라고 하얀 마카로 쓴 글자가 적혀 있다. 그 창 앞에서 마시던 뜨거운 초콜릿 음료를 생각하면 혀끝이 마비되는 것 같다.

눈이 내렸으면 좋겠다고 생각하는 오늘은 뜨거운 보리차를 끓인다. 구수한 냄새가 퍼지는 집 안의 공기가 겨울 같은 가을이다. 눈이 내렸으면 좋겠다. 먼 데서 와서 이마에 발끝에 부딪히는 눈이. 가까이에 있는 것이 너무 멀리 가진 않으면 좋겠다. 아직은 내 옆에 있으면 좋겠다. 꼭 내 옆이 아니어도 너무 힘들지 않게 닿을 수 있는쯤에 있어 주면 좋겠다.

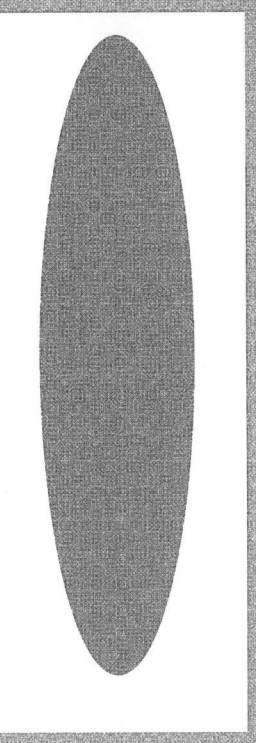

호명의 시간

3부

이쪽으로 건너올 수 있어요

3부

작은 기적

 모든 게 싫을 때. 아무것도 듣거나 보고 싶지 않을 때. 매일 같은 곳으로 향하는 발걸음을 못 견디게 되돌리고 싶을 때. 무료하고, 더 나아가 무기력한 순간. 세상에서 나의 쓸모를 증명받지 못할 것 같을 때. 애써도 아무것도 이룰 수 없을 것 같을 때. 그리하여 애쓰고 싶지 않아질 때. 그렇게 우울은 찾아온다. 불안한 내일을 넘겨짚던, 작은 희망과 커다란 절망이 널을 뛰던 밤과 낮들이 도무지 끝날 것 같지가 않고, 이미 식어버린 마음을 다시 데울 방법을 모르겠을 때, 나는 있던 자리에서 도망치는 것에 남은 힘을 모두 썼다.
 그렇게 나의 휴가가 시작되었다. 누군가 주어서 떠나는 휴가가 아닌 내가 스스로에게 주는 휴가. 몇 박의 일정으로 설명되고 마무리되는 휴가가 아니라 일정이 끝난 뒤 있던 곳으로 돌아오더라도 쉬이 끝나지 않는 휴가가.

이쪽으로 건너올 수 있어요

...

 시작은 사소한 행운이었다. 작은 기적이라고 해도 좋았던 사건이다. 대학교 3학년 봄 학기, 영상 수업에서였다. 수업에 집중이 되지 않아 몰래 인터넷 서핑을 하다가 9,900원짜리 제주행 티켓 프로모션이 막 오픈된 것을 발견했다. 자연스럽게 누구에게 이 소식을 알려주면 좋을지 생각했다. 내가 갈 수 있다는 생각은 조금도 못 했다. 나는 이제 막 학기를 시작한 복학생이었고, 3학년이었고, 사회에서 쓸모 있는 사람이라는 걸 증명해 보이기 위해 애써야 한다고 믿(는 사람들 곁에 있)던 때였으니까. 나의 기준과 생각으로 움직이지 못하고 모두가 입을 모으는 것에 내 입도 별 무게 없이 보태던 때였다.
 그러다가 왜 나는 갈 수 없다고 당연하게 생각하는 건지, 그게 좀 이상하단 생각이 들었다. 각종 행운권 추첨에 한 번도 당첨되지 못한, 행운과는 거리가 먼 내 눈앞에 펼쳐진 9,900원의 행운을 놓치고 싶지 않았다. 지금이야 저가 항공사에서 내놓는 프로모션 티켓이 많지만 그때만 해도 그리 흔할 때는 아니었으니까. 방금 막 뜬, 품절되지 않은 프로모션이 대단한 행운처럼 보였다. 나에게도 이런 행운이 찾아왔다고, 이 구하기 힘든 걸 구했다고 자랑하고 싶었다. 답답한 것에서 도망치고 싶었다. 일종의 반항심이랄지 허황된 자존심이랄지 그런 것이 발동된 순간이었다. 우연히 발견한 제주행 티켓이 나의 자랑이 되어줄 기회를 놓치고 싶지 않았던 나는 치기 어린 마음으로 3일 뒤 떠나는 비행기 티켓을 구매했다. 목요일에 출발해서 그다음 수요일에 돌아오는 티켓을.

...

나의 휴가는 그런 사소한 욕망에서 시작됐다. 나의 쓸모를 행운으로 증명하고 싶고 부러움을 얻어 나를 이루고 싶은, 조금은 어긋난 욕망에서. 모두가 입을 모으는 곳이 아닌 나의 기준을 찾고 싶다는 작은 씨앗 같은 마음은 너무 작아서 당시에는 잘 보이지 않았다.

아무튼 그 휴가는 특별했다. 궤도에서 잠깐 이탈해도 대단히 큰일이 생기지 않는다는 사실에 해방감을 느꼈다. 지루한 강의실 대신 자연 속에 있는 것도 좋았다. 뭔가 다른 것 같기도, 달라질 것 같기도 했다. 이후로는 특가 티켓이 뜨면 일단 샀다. 9,900원, 15,800원, 7,900원, 하다 하다 990원짜리 티켓까지 발견하게 됐다. 특가 티켓 일정에 맞추어 모든 일정을 조정하면서 제주도에 갔다. 역시나 대단히 큰일은 생기지 않았다.

...

남들의 부러움을 사는 것으로 나를 이룬다는 게 얼마나 부질없는지 이제는 잘 알고 있다. 그러나 다른 사람들의 칭찬과 부러운 말들로 쌓아졌던 나도 나다. 부러움을 찾아 헤매던 나를 부정하지 않는다. 그때의 시간을 견디며 지금의 내가 되었다. 그리고 지금도 여전히 타인의 부러움을 구한다. 작은 행운들을 자랑으로 삼는다. 가령 좋아하는 밴드의 초밀착 콘서트에서 찍은 영상이라든가, 그들의 사인 시디라든가, 그들 사이에 앉아 찍은 사진 같은 것. 혹은 마음이 녹을 정도로 다정하게 차려진 식탁, 사랑하고 아끼는 사람들과 함께 보낸 시간, 함께 목격한 아름다운 장면, 물을 무서워하던 내가 바다에서 맨몸으로 수영하게 된 이야기를 비롯해 열심히 연습해서 일구어낸 모든 것들…. 그런 것을 모아 SNS에 올린다. 호들갑을 떤다. 다만 예전처럼 이런 것이 나의 존재나 쓸모를 증명한다고 믿지는 않는다. 내가 자랐기 때문이다. 그러나 자랑하고 부러움을 구함으로써 초조하게 발밑을 쌓았던 그때가 없었더라면, 그리하여 제주에서 보낸 시간이 없었더라면, 지금도 여전히 쓸모를 증명받기 위해 헛된 애를 쓰고 있을지 모른다. 나의 기준이 아닌 좀 더 많은 사람이 입을 모으는 곳에 서기 위해. 무엇보다 첫 책인 '의외의 제주'가 나올 일도 없었을 테고. 첫 책이 없었으면 두 번째도, 세 번째도 없었을 테니까.

...

자랑하고 싶고 부러운 말을 얻고 싶은 마음을 부끄러워하지 않으려 한다. 나는 내게 좋은 것을 드러내 자랑하고 싶고, 그리하여 다정한 칭찬들을 얻고 싶다. 다만 이제는 그걸 초조한 발밑에 쌓는 것이 아니라 겨울밤의 손난로처럼 옆구리나 겨드랑이 밑에 끼우고 싶다. 내 삶에 주요하게 쓰일 땔감은 내가 모으겠지만 때때로 다정한 칭찬들을 불쏘시개로 쓰고 싶다. 삶이 축축하여 마른 땔감이 별로 남지 않았을 때, 잘 마른 신문지 같은 다정함을 돌돌 말아 불을 지피고 싶다. 불을 때고 바닥에 누워 축축한 공기까지 바삭해지기를 기다리며 기꺼이 불쏘시개가 되어준 말들을 헤아려 보고 싶다.

...

그리하여 나의 바캉스는 몇 박 며칠로 떠나든 떠나지 않든, 마른 자리에서 눈을 감고 헤아릴 수 있는 것이다. 떠나지 못해도 얻을 수 있는 작은 바캉스. 그것은 내게 작은 기적이다. 계기는 단지 자랑하고 싶었던 조금은 못생긴 마음. 나의 쓸모를 그렇게라도 증명하고 싶은 마음. 단단하게 짜인 마음이 아니었다. 어떤 기적은 그런 곳에서도 일어난다. 그렇게 좁고 축축한 곳에서 시작됐기에 기적이라 말할 수 있는 걸지도 모른다.

인생에 작은 기적이 필요하다. 누구에게나 필요하

다. 정해진 것밖에 못하던 내가 아르바이트도 학교 수업도 뒤로하고 9,900원짜리 티켓을 끊고 제주로 떠났던 작은 기적, 계속해서 제주에 가게 되고 일기를 쓰게 되었던 작은 기적, 계속해서 쓸 수 있었던 기적, 그리고 누군가 그 글을 읽어주는 작은 기적이 나를 여기까지 이끌었던 것처럼.

내가 작다고 표현하는 모든 사소한 것이 사실은 내가 가장 중요하게 생각하는 것이라는 걸 이제는 나 말고 다른 사람들도 알게 되었다. 그것 역시 내게는 작은 기적이다. 그러니 내가 작은 기적이라고 부르는 것들이 실상 얼마나 대단한 일인지를 알아준다면 좋겠다.

...

한 번 더 그리하여, 인생에 작은 기적이 필요하다. 나와 우리에게.

작은 일들을 목격하고, 발견하고, 그리하여 모든 삶에 잔잔한 기적이 일기를.

3부

6월 28일

지치는 금요일이다. 이틀간 내린 비에 사방이 축축하게 젖어 있고 해가 뜨지 않아 색들은 제 빛을 내지 못한다. 습한 공기에 몸과 마음이 짓눌려 친구와의 만남을 내 멋대로 미루었다. 미안한 마음과 이렇게 하지 않으면 더 나빠질 것 같은 예감 때문에 마음이 힘들다. 오전엔 안 되는 것을 해달라고 우기는 손님과 실랑이를 했다. 작은 일에 큰 화가 나버린 사람이 뿜어내는 화 앞에서 표정을 구길 수 없는, 앞치마를 입은 내 모습이 내가 아닌 것 같아서 울적하단 말보다 더 깊이 울적했다.

이럴 때는 사람들의 소식이 궁금하지가 않은 것이 솔직한 심정이다. 그러나 연결은 되고 싶은 마음이 나를 또 SNS로 이끈다. SNS에 올라온 귀여운 친구의 귀여운 사진을 보고 피식 웃는다. 사랑스러움 그 자체인 강아지 시집의 출간 소식을 보고선 조금 더 긴 미소를. 그리고 단정하고 귀여운 두 사람의 사랑스러운 여정을 보게 된 것이다. 그 두 사람을 보면 하고 싶은 말이 많아진다. 그리고 마침 들려오는 '하고 싶은 말은 해야 돼'라는 가사의 노래.

침대 옆에 불편하게 기대앉아 그들에게 부칠 편지를 쓰기 시작했다. 첫 번째 편지도 아직 부치지 못했는데 두 번째 편지를 쓴다. 편지를 다 쓰고 나서 소리를 내어 읽어보는데 매끄럽지 못한 부분이 많다. 그래도 편지니까 마음이 괴롭지는 않다. 글보다 말에 가까운 쓰기라서.

아직 부치지 못한 첫 번째 편지와 비교해서 읽어보니 조금 웃긴 점이 보인다. 첫 번째 편지에서는 아주 조심스레 말하는데 두 번째 편지에서는 무척 오래된 친구를 대하듯 편하게 말하고 있다. 더 마주 보고 있는 느낌의 말들이다. 그사이에 만나거나 긴밀하게 연락을 주고받은 것도 아닌데. 왜일까. 그렇게 편지지를 두 장 꼬박 채우고 나서야 일어나 움직일 힘이 생겼다.

일어나서 여기저기 널려 있는 물컵들을 다 모아다 설거지통에 넣었다. 작은 휴지 조각부터 큰 플라스틱 통까지 버릴 것을 모아 분리수거를 한 뒤 청소기를 돌리고 강아지의 배변 패드를 새것으로 바꾸어주었다. 그다음엔 강아지가 깔고 자는 이불을 세탁기에 넣어 이불 코스를 돌려놓고 시원하게 세수를 했다. 저녁거리로 버섯과 마늘을 많이 넣고 매운 카레를 끓여야겠다고 생각하면서. 마음까지 시원하다.

나아질 것 같은 예감. 그건 사소한 것에서 시작된다. 산책이나 짧은 소풍, 편지 쓰기. 그런 일들을 겪는 동안엔 나아질 것 같다는 예감이 든다. 예감은 무척 분명하다. 그러면 그다음은 나아졌다는 실감을 느낄 차례. 이때 힘을 발휘하는 것은 정리와 정돈이다. 설거지나 청소, 빨래처럼 밀린 집안일을 하는 것도 좋고 써두었던 메모를 정리하거나 휴대폰 사진첩에서 필요 없는 사진을 삭제하는 것도 좋다. 어찌 됐든 나의 주변을 정돈하는 거다. 그게 물건이든 마음이든. 그러고 나면 비로소 나아졌음을 실감할 수 있다.

그렇지만 산책이나 짧은 소풍, 편지 쓰기, 시 읽기…. 그러니까 나아질 것 같은 예감을 얻기 위해 작은 시도도 할 수 없는 깊은 그늘에 잠겨 있을 때는 어떻게 해야 좋을까. 그리던 동그라미에서 이탈했을 때. 아무 예감도 느낄 수 없는 때. 그럴 땐 정말 어쩔 수가 없다. 산책을 나서기도 책장에서 책 한 권을 빼 들기도 어려울 때. 그럴 때는 스스로 할 수 있는 것이 없어서 기다린다. 무기력하고 연약한, 원을 이탈한 나를 누군가 다정하게 방문해 주기를. 사랑하는 나의 이웃들이 부드럽게 노크해 주기를. 우연히 라디오에서 나오는 노랫말이 내가 듣고 싶은 그 말이기를. 절박하고 단정한 문장을 만날 수 있기를.

내 친구들은 너무 힘들겠다. 내버려 두는 게 좋다고 하면서 또 두드려 주기를 기다리는 내가 친구여서. 그러니 더욱 필요한 게 있다. 연습이다. 연습이 필요하다. 정돈한 상태를 유지하는 연습. 그래서 매일매일 바다로 숲으로 나갈 힘을 잃지 않는 연습. 그리고 내가 너그러워지는 순간으로 계속 나아가는 '계속'의 힘을 연습해야 한다. 또 같이 살아갈 사람이 필요하다. 내가 1인분을 하지 못할 때 기꺼이 자기의 것을 나누어 줄 수 있는 사람이. 그 사람이 1인분을 하지 못할 때는 내가 내 것을 나누어 줄 수 있겠지. 같이 사는 연습도 해야 한다. 혼자서 뭐든지 할 수 있다고, 싫으면 안 만나면 그뿐이라고 큰소리를 떵떵 치곤 하지만, 사람에겐 사람이 필요하다. 서로가 서로에게 있을 수 있게, 이것 역시 연습을 해야 한다.

○

"사람에게 사람이 있다는 건 그 모든 이유를 넘어서는 거라고, 일부러 이유를 만들거나 또 없애면서 사람이 사람에게 가는 거라고요.

그런 생각을 하면 사람들은 뭐랄까, 숭고해 보이기까지 해요. 저 사람들은 어떤 이유를 일부러 만들어가면서, 아니면 애써 지워가면서 서로가 서로에게 갔을까. 곁에 남기로, 서로에게 있기로 했을까. 생각해보면요.

있다는 거.
있고 없음 중에서 있다는 거.
그건 얼마나 더 큰가요.

그렇다면 내내 있을 거라는 그 말, 그건 또 얼마나 커다란 고백이었을까요."

3부

가는 비 내리는 날에

비가 오면 김광석의 사랑했지만을 듣자던 사람이 있었다. 들어야지가 아니라 듣자고 하던 사람. 비가 오래 그치지 않는 날이면 따뜻한 보리차에 찰떡 같은 것을 두고 물걸레를 빨아 마루를 닦았다. 그럴 때에도 보리차 끓여서 떡이랑 먹자. 마루 한번 닦을까. 매 순간 거는 말을 하던 사람. 함께 있을 때 가까이 있음을 순간마다 느끼게 하던 사람이 있었다.

사람이 떠나도 습관은 오래 남아 쉽게 그 사람 흉내를 내고 만다. 어쩌면 그 사람이 아니라 그 사람 있던 때를 흉내 낸다는 게 더 맞을지도 모르겠다.

나는 그 사람 있던 때의 흉내를 잘 낸다. 비가 오면 오래된 노랠 트는 것도 그렇고, 팥 앙금 들어간 찰떡을 먹을 땐 보리차를 끓이는 것도, 노래를 틀기 전에 꼭 입 밖으로 우리 이 노래 듣자고 말을 거는 것도, 머쓱할 땐 눈썹과 눈꼬리 사이를 살살 문지르는 것도 그렇다. 사람이 떠나도 습관은 오래 남아 어떤 시절을 흉내 내며 산다.

이쪽으로 건너올 수 있어요

    그래도 당신만큼은 못하겠어. 옆에 앉은 사람이랑도 멀어지고 싶어서 말을 삼킬 때가 많은데. 혼잣말에 그칠 말도 나에게 걸어 주던 당신은 어떻게 그렇게 다정했을까.

    오늘은 가는 비가 내리고 그래서 흉내 낼 것이 없다. 흉내 내지 못할 비가 내리는 날엔 길 잃은 기분이 된다. 가는 비 내리는 날 누군가 길 잃은 나를 걸어온다면 오래도록 그 다정을 흉내 낼 수 있을까.
    당신이라면 오늘 같은 날 어떻게 했을까. 가는 빗줄기 사이사이로 부지런히 볕을 좇으며 걸었을지도 모르겠다. 조용하게 내리는 비와 당신을 나란히 두고 생각하는 게 낯설다. 우린 언제나 쏟아지는 날을 통과하는 중이었으니까. 구석구석 오래도록 마루를 닦아도 거센 비가 그치지 않는 장마 같은 날들이었으니까.
    알 수 없는 당신을 흉내 내며 바쁘게 걷는다.

    많이 젖진 않았는데 좀 축축하네. 그래도 볕이 좋으니까 금방 마르겠지. 오늘은 무슨 노래 들을까. 간식은 뭘로 하면 좋을까.
    가는 비가 내리는 볕 좋은 날엔 이 노랠 듣자는 사람이 내 쪽으로 걸어오면 좋겠다. 오래 흉내 낼 다정으로.

3부

너그러워지는 순간

 천성이 예민하게 태어났고 쓰는 사람이 된 뒤로는 더 예민해진 것 같다. 이렇게 예민한 사람이 너그러워지는 순간이 있으니 바로 야외에 있을 때다. 그리고 이렇게 너그러워질 때는 글이 쓰고 싶고 또 잘 써진다. 그러면 기분이 더 좋아지고 기분이 더 좋아지면 글이 더 잘 써지는 행복한 결말.
 글쓰기 워크숍에서 내가 글이 잘 써지는 상태가 언제인지 알고 있는 것이 좋다는 이야기를 한다. 시간과 공간에 대한 이야기이기도 하고 기분에 대한 이야기이기도 하다. 예전에는 우울하거나 슬플 때 글이 쓰고 싶었다. 기쁠 때는 글이 쓰고 싶은 생각이 잘 들지 않았다. 요즘은 언제나 쓴다. 슬플 때도, 우울할 때도, 기쁠 때도, 너그러울 때도, 도망가고 싶을 때도, 살아남고 싶을 때도, 살아남고 싶지 않을 때도. 가끔은 불행할 때도, 쓴다. 계속 쓴다.

 2019년 가을부터 글쓰기 워크숍 '기술 가정'을 진행하고 있다. 기술 가정은 기술하고 가정하는 글쓰기의 줄임말이다. 기수마다 글을 쓰는 주제는 계속 바뀌지만 지금까지 모든 기수에서 빼먹지 않고 이야기 나눈 게 있는데, 바로 '변곡점'이다. 변하는 지점. 이어지던 상태에서 조금 꺾여서 새로운 상태가 되는 지점. 슬퍼지거나 기뻐지거나 너그러워지는, 그러니까 '~해지는' 지점을 놓치지 않으려고 애쓴다. 그럴 때 글이 쓰고 싶어지기도 하고, 글이 잘 써지기도 하고, 글의 재료를 얻기도 한다. 워크숍에서도 각자의 생활 속에서 변곡점을 잘 감지해보고 써보자고 말한다.

다시 야외 이야기를 해볼까. 나는 야외에 있을 때 너그러워진다. 예민하고 슬픈 것이 기본값인 사람이어서 많은 변곡점 중에서도 너그러워지는 순간의 점이 눈에 띈다. 그럴 때 쓰기 시작하면 잘 써진다. 너그러워진 나에 대해 쓰기도 하고, 평소에 쓰고 싶었지만 잘 풀리지 않던 글을 요리조리 매만지고 다듬고 굴려보기도 한다. 너그러움의 변곡점은 주로 야외에서 감지된다. 삶에 그런 순간들을 틈틈이 끼워 넣는 연습을 하고 있다.
아래의 메모들은 이와 밀접한 메모다.

...

―야외가 가진 힘을 안다. 이불 위에 누웠을 때와는 분명히 다른 종류의 누그러짐, 풀어지는 기분. 햇빛을 받고 있으면 고양이라도 된 것 같다. 누군가 목을 긁어주는 것 같은 기분이라고 할까. 그대로 고요해지고 싶은 마음보다는 골골송을 부르고 크게 기지개를 켜고 싶어진다.

―춥지도 덥지도 않고 흐리지도 뜨겁지도 않은 바깥의 기운은 사람을 충만하고 평화롭게 만든다. 사람뿐일까. 동물과 나무, 풀꽃들에게도 그렇지 않을까. 바깥의 기운은 사람과 사람을 둘러싼 것들을 자라게 만든다.

―나와 있어야 뭐라도 쓴다. 조금만 힘을 내서 나오면 금방 경주라서 다행이다. 눈 돌리면 큰 무덤이나 많은 나무나 오래전에 쌓은 돌 같은 것들이 보인다. 조금만 움직여도 완전히 새로운 감각을 가질 수 있다. 경주에서 쓰거나 읽는 게 좋다. 어쩔 수 없이 좋다. 이런 어쩔 수 없음을 많이 모으면 그것도 사랑이 될 것이다.

○

"아무 말도 하지 않는 편이 최선인 세상에서 말을 모은다는 것은 얼마나 딱한 일인가요.

한 사람의 고단한 문장….
하루를 살기 위해 열흘을 모아야 합니다."

3부

이쪽으로 건너올 수 있어요

 변곡점 이야기를 하나 더 해볼까. 이 책의 제목과 관련된 이야기다. 이 제목을 정하면서 작은 차이를 두고 수많은 날을 고민했다. 후보는 모두 넷이었다.

1. 아무 목이나 끌어안고 울고 싶을 때
2. 아무 목이나 끌어안고 울고 싶어질 때
3. 아무 목이나 끌어안고 울고 싶을 때가 있어
4. 아무 목이나 끌어안고 울고 싶어질 때가 있어

 정말 별게 다? 싶어도 어쩔 수 없다. 우선 '울고 싶을 때'와 '울고 싶어질 때'의 차이가 바로 '변곡점'이다. '울고 싶을 때'는 울고 싶은 게 언제부터였는지, 지금 막인지, 아까부터였는지, 어제부터였는지, 아니면 평생 울고 싶었는지 알 수 없다. 그런가 하면 '울고 싶어질 때'는 막, 지금 막, 이제 막, 울고 싶어지는 것이다. 울고 싶을 때와 울고 싶어질 때의 농도는 다르다. 나는 좀 더 옅은 농도로 이야기하고 싶었다. 울음이 막

차오르는 순간에는 아무 말도 할 수 없어서 그냥 끅끅거리기만 할 때가 더 많으니까.

다음으로 '~때'와 '~때가 있어'의 차이는 '거는 말'의 차이다. '~때가 있어'라고 이쪽에서 그쪽으로 말을 걸면 여기와 거기 사이엔 금방 다리 하나가 생긴다. 연결된 다리로는 뭔가 더 오갈 수도 있을 것이다.

다리를 놓을 것이냐 말 것이냐의 길목에서는 다리를 철거하는 길을 골랐다. 아무 목이나 끌어안고 울고 싶은 사람이라면 두 팔을 뻗어 아무 목이나 끌어안는 대신에 두 팔을 교차해 무릎을 끌어안거나 베개에 고개를 묻고 울 것 같았기 때문이다. 그런 사람이라면 여기에서 거기로 어떤 다리도 내지 못하고 혼자 울고 있을 것 같았다. 그렇게 하고 있지 않기 때문에 그렇게 하고 싶다고 말할 것 같았다. 아무 목도 끌어안을 수 없어서 더 슬플 것 같았다.

이렇게 비슷한 말이지만 한 끗 차이로 완전히 다른 이야기가 되는 재미에 대해 함께 수다 떨 수 있는 누군가가 있으면 좋겠다. 그런 면에서 나는 운이 좋다. 누군가는 이 이야기를 읽어줄 거니까. 또 그중 누군가는 읽는 동안에 신나게 맞장구를 쳐줄 테니까. 그렇다면 다리를 거두었지만 그럼에도 연결되는 마음들이 있어서 더 기쁠 것 같다. 부족한 인프라로 좋은 결과를 만들어냈을 때의 기쁨이 더 크게 느껴지기도 하니까.

사실 나는 둘러 다니는 것을 좋아한다. 시간이 좀 더 걸리더라도. 사람도 차도 많이 다닐 수 있는 다리 같은 게 없어도, 그래서 시간이 더 걸리더라도 나를 더 알아차려 주면 좋겠다. 더 세밀하게 나의 말을 읽고 엮어주면 좋겠다.

내가 '아'라고 말할 때 '아'라고 들어주는 사람이 점점 더 기적같이 느껴진다. 나의 '아'를 '우'나 '으'로 알아듣는 사람이 내게는 더 많았고, 그건 나를 너무 슬프게 했다.

시간이 좀 더 걸리더라도 더 분명히 말하는 연습을 계속하려고 한다. 앞으로도 한 글자 차이로 달라지는 점 때문에 오랜 시간 고민하고 싶다. 정말 별게 다 고민이라고 생각하더라도 어쩔 수 없다. 누군가는 다리가 없을 때에라도 거기에서 이쪽으로 건너올 테고, 나는 그런 순간을 계속 목격하고 싶으니까.

○

"우리의 조심스러움이 실수하고 싶지 않은 마음이란 걸 알고 있어요.

조급한 마음이 만드는 작은 실수나 가는 금 같은 건 언제나 마음을 너무 크게 차지하니까."

3부

수영 씨 너무 좋네요

운전할 때는 선곡에 신경을 쓰는 편이라 듣고 싶지 않은 노래나 광고를 피할 수 없는 라디오는 잘 듣지 않지만, 요즘은 데이터 요금을 아껴보려고 출근길에 라디오를 듣는다. 아침 9시 15분쯤 차에 올라 〈오늘 아침 정지영입니다〉를 튼다. 아침 방송 특유의 지나치지 않은 활기가 있다. 웃음기가 섞인 말씨 덕분에 웃음기가 섞인 얼굴로 운전을 하게 된다. 9시 45분에는 어김없이 차에서 내려야 하므로 내가 듣는 마지막 코너는 비타민 코너. 비타민이라는 노래의 반주가 흘러나오는 동안 네 사람의 사연이 소개되는 이 코너의 특별함은 청취자가 참여하는 '뚜뚜루송'에 있다. 청취자가 '뚜뚜루뚜뚜뚜뚜-'하는 멜로디를 녹음해서 보내면 코너의 시작 신호로 녹음파일을 틀어준다. 목소리의 주인공은 대체로 어린아이들이다. 아이들은 어설픈 발음과 맞지 않는 음정으로 노래를 부르고 마지막에는 꼭 '지영이 이모'를 외친다. 그러면 지영이 이모가 나타나 웃음기 섞인 목소리로 화답하는 식이다.

이쪽으로 건너올 수 있어요

사연은 매일 비슷하고 선물도 매일 비슷하며 진행자의 멘트도 어제와 오늘과 내일이 크게 다르지 않다. 뚜뚜루송을 보내는 아이들의 목소리와 전개도 비슷하다.

그런데 그게 지겹지가 않다. 바로 그 '비슷함'에서 오는 따끈따끈함 때문이다. 고백하자면 나는 지영이 이모, 지영 씨, 지영이 언니, 누나를 부르는 청취자들의 목소리에 자주 울컥한다. 대책 없이 밝고 맑은 목소리들 때문인지, 매일의 비슷함 속에서 엮이는 사람과 사람 사이의 유대 때문인지, 누군가를 소리 내 부를 때 전해지는 온기 때문인지, 잘 모르겠다.

청취자가 되는 경험은 생각보다 생경하다. 얼굴이 보이지 않는 진행자와 더더욱 알 수 없는, 휴대폰 번호 네 자리로 대신되는 사람들과 결속력이 생기는 이 경험이 생각보다 쑥스럽다. 랜덤 채팅을 하는 것 같기도 하다. 만난 적도 없는 사람들끼리 가족이라는 말로 묶이는 것도 어색하고, 가족은 좀 오버 아닌가 싶기도 하다.(대부분의 라디오 프로그램에선 청취자를 가족이라고 부르거나, 디제이와 청취자들끼리 애칭을 정한다.) 그런데 오늘 낮에 누군가의 SNS에서 정지영의 오늘 아침을 듣고 있는데 너무 좋다는 코멘트를 발견하고서는 나도 모르게 "저도요. 저도 들어요. 오늘 아침!"이라고 반갑게 아는 척을 한 것이다. 막 유대감을 느끼면서. 청취자가 된다는 건… 뭘까 대체?

151

그 사람은 어느 책방의 운영자다. 나보다 나이가 많은 여자 사람이고, 솔직히 말하자면 나는 그녀가 조금 어려웠다. 다른 모든 사람을 어려워하는 것처럼. 그러다가 북페어 참가로 부산에서 2박 3일을 함께 움직인 적이 있는데, 그때 나의 오지랖과 참견과 더듬이가 포착한 어떤 순간을 참지 못하고 조금 아는 척을 한 적이 있다. 그리고 그걸 좋아해 준 그녀가 빙긋 웃으며 이렇게 말했다.

"수영 씨 너무 좋네요."

이런 따끈따끈한 말. 돌아가는 것 없이 정직하고 깨끗하게 따끈따끈한 말.

한여름이었는데도 놓기가 싫어서 그녀의 차를 타고 대구로 돌아가는 길 내내 그 말을 꼭 안고 있었다. 그리고 가끔 나의 착실한 참견과 오지랖과 말 참지 못함이, 너무 많은 걸 알아차리고 마는 번거로움이 싫어질 때마다 따끈따끈했던 그 말을 떠올린다.

내가 아침 라디오 사연 같은 사람이라는 생각을 한다. 기발하거나, 범접할 수 없을 정도로 매력적이라거나, 어딘가 비범하거나, 배꼽이 빠지게 웃기지는 않고 그냥 매일이 비슷한 사람. 좀 심심하고, 꽤 오지랖이 넓고, 남의 목소리가 궁금한 사람. 누군가는 이런 내가 재미없다고, 오지랖이 너무 넓어서 별로라고 생각할지도 모르지만, 심지어는 나조차도 이런 나를 가끔 싫어하지만, 누군가는 나를 너무 좋다고 말하는 이 세상에서 가끔씩 얻게 되는 따끈따끈한 말들을 잘 모아두고 싶다. 그것들은 쉽게 온기를 잃지 않고 언제나 언제나 빛을 뿜어낸다.

갑자기 대구의 책방을 지키고 있을 그녀가 약간 보고 싶어졌다. 많이 보고 싶어 하기에는 나는 너무 조심스러운 사람이니까.

나의 호들갑과 주책을 따뜻함으로 변환해서 받아 주는 사람과 나 사이의 변압기가 세상에 비슷한 모양으로 흔하게 널려 있으면 좋겠다. 그러면 나도 다른 사람을 덜 미워하고 살 수 있을 텐데. 사람들도 사람들을 덜 미워하며 살 수 있을지도 모르는데.

내일도 내일 아침의 지영 씨가 밝은 목소리로 하루를 열어 줄 것이다. 꼭 내 마음대로 하지 않아도 좋은 것이 세상에 있다. 세상에 이미 있는 비슷한 것들을 일부러 피해 다니는 대신 가까이 두고 들여다보는 동안 비슷해서 기쁜 일들이 많이 생기면 좋겠다.
내가 가지는 희망은 그렇게 맑고 순수한 것은 아니지만, 세상에 아직 맑고 순수한 것들이 많이 있다는 사실은 나를 안도하게 한다.

○

"사실은 아침 라디오의 활기참보다는 새벽 라디오의 고요함을 더 좋아해요. 아침 라디오가 날 좀 보라며 꼬리를 흔드는 강아지 같다면, 새벽 라디오는 있는 듯 없는 듯 곁에 있는 고양이 같기도 해요. 움직이지 않는 정물 같아요.
발소리를 잘 내지 않는 것들. 발소리가 없는 것들. 발이 없는 것들…. 저는 그런 것을 더 좋아해요. 그럼에도 강아지 깜디와 함께 살고 있고, 아침 라디오를 매일 출근길에 듣고 있어요. 이런 간극이 싫지 않아요. 저는 따지자면 새벽 라디오 같은 사람이 되고 싶지만, 아침 라디오 같은 사람이에요. 호들갑스럽고, 주책맞고, 잘 웃거나 잘 울고, 오지랖이 넓고, 좋아하는 사람들 앞에서 날 좀 보라고 꼬리를 막 흔들기도 해요."

3부

고작 그런 용기

 오늘은 일하다가 쉬는 시간에 커피를 사러 다른 동네에 다녀왔다. 20분 운전하고 5분 앉아 커피를 기다렸다가 다시 20분 운전해서 돌아오니 쉬는 시간이 거의 끝나 있었다. 이 회동을 위해 한 시간 동안 머릿속으로 커피를 사러 가는 나의 모습을 상상하며 시뮬레이션을 돌렸다. 용기를 내기 위해서다. 거기까지 가는 길엔 좁고 복잡한 도로가 많다. 그런 도로에서는 창의적으로 운전하는 차들이 많이 튀어나오고, 나는 그런 것에서 무지막지하게 스트레스를 받는 예민한 사람이고, 쉬는 시간은 1시간인데 커피 한 잔 사려고 왕복 10km를 오가는 건 안 해본 일이기 때문에 용기가 필요했다. 좁고 복잡한 도로에서 화를 내느라 40분을 써버리는 것보다는 근처 공원에 앉아 쉬는 게 적성에 더 맞지만 오늘은 괜히 안 하던 짓을 해보고 싶었고 꼭 그 커피집의 막 갈아낸 커피콩 냄새를 맡고 싶었다. 커피집에 도착해 사장님과 근황을 짧게 나누고 커피를 받아서 돌아왔다. 도로는 복잡했고 창의적인 차가

툭툭 튀어나와 스트레스를 받았고 커피 향은 좋았고 커피는 맛있었다. 안 하던 걸 해본 느낌도 좋았다.

정말 별거 아닌 일에 용기를 내면서 살아간다. 내가 기름을 왕창 넣어도 금방 다 써버리는 연비가 꽝인 자동차 같다는 생각을 한다. 요만한 용기를 내는 데도 연료는 이만큼 필요하기 때문에 평소 연료를 잘 모으는 것에 집중한다. 그런 건 대부분 읽는 데서 얻는다. 또 야외에서 얻고, 잘 쉬는 데서 얻고, 다정하고 귀여운 스킨십이나 응원에서 얻는다. 어떤 응원은 몸과 몸이 닿지 않아도 꼭 스킨십처럼 느껴진다. 고맙게도 그런 응원은 내 글을 읽는 사람들이 보태준다. 글을 사서 읽어 주면서 응원까지 주다니.

'보탠다'는 말은 얼마나 든든한 말인지. 나에게 모자란 것을 더하고 더하는 사람들. 그래서 기어코 분에 넘치는 연료를 싣고 달리게 하는 사람들.

계속해서 보태주는 사람들이 있어서 계속 용기가 부족한 사람으로 살아가더라도 덜 서러울 것 같다.

나의 용기 없음은 일정 부분 엄마에게서 물려받았다. 엄마는 나보다 희박한 용기로 살아간다. 안 하던 것을 하면 정말로 큰일이 나는 줄 알고 펄쩍 뛴다. 표정부터 몸까지 뻣뻣하게 굳는다. 그런 엄마에게 내가 내는 조금 나은 용기를 크게 부풀려 대단한 용기인 것처럼 잘난 체를 한다.

엄마를 배려하고 인정하기가 세상 무엇보다 힘들다. 그녀는 가족을 위해 많은 것을 희생하면서 열심히 살았지만, 자식인 나는 부모의 정서적 지원이 거의 없는 채로 유년기와 청소년기를 보냈다. 예민한 나는 별다른 일이 없어도 상처받았다. 별다른 일이 없는 것 자체가 나를 슬프게 했다. 별다른 일이 좀 있어야 할 것 같은데, 별다른 일 없이 알아서 지내야 한다는 사실이 나를 무기력하고 슬프고 더 예민한 아이로 만들었다. 그래서 엄마에게 더 과시한다. 엄마가 도와주지 않았지만 나는 스스로 이만큼 용기를 내는 사람이 되었다고. 그러니까 엄마도 좀 더 용기를 내서 엄마 자신을 더 돌보라고. 막 잘난 척을 하는 거다.

엄마에게 사생활이 많이 생기기를 바란다. 누구의 며느리, 누구의 아내, 누구의 엄마가 아니라 무선의 사생활이 충분했으면 좋겠다. 그래서 우리가 서로를 내버려 두는 동안에도 각자가 각자를 잘 돌보면 좋겠다. 엄마가 별거 아닌 일로 도움을 청할 때 나는 화가 난다. 그 이유를 잘 모르고 지내다가 얼마 전 깨달았다. 엄마가 나를 도와주지 않았던 걸 두고두고 마음에 품고 있었던 것이다. 그 마음이 아주아주 몸집이 커지고 여기저기 전이돼서 엄마가 나에게 도움을 청할 때마다 찌릿 신호를 보낸다. 요청이 사소하면 사소할수록 화가 난다. 그렇게 사소한 일에도 왜 용기를 내지 못하느냐고 타박하고 싶어진다. 나는 다 혼자 했는데. 그거보다 어려운 일도 혼자서 해내야 했는데. 아무도 도와주지 않고 아무도 도움이 필요하냐고 먼저 물어본 적 없는데. 그렇게 간단한 일도 혼자서 해결하지 못해서 나에게 도와달라고 하느냐고 화를 내고 싶어진다.

엄마와 나의 미래를 쉽게 상상할 수 없다. 계속 같이 지낼 수 있을까. 이렇게 자꾸 화를 내다가 영영 만나지 않게 되진 않을까. 슬퍼하고 분노하는 나를 내가 도울 수 있을까. 내가 엄마인 무선과 엄마가 아닌 무선을 잘 구분할 수 있을까. 엄마가 엄마가 아닌 무선으로 살았으면 좋겠다는 마음과 내 엄마로, 나를 도와주지 않았던 옛날의 엄마인 무선으로 원망과 화를 들어 주길 바라는 마음이 매일매일 엎치락 뒤치락거리면서 싸운다. 그건 나의 가장 큰 괴로움이다. 가끔은 불행한 일도 발생한다.

나와 엄마, 우리들 사이에 필요한 말이 더는 남지 않았다는 생각이 가끔씩 든다. 그럴 때 나는 아무 말도 하지 않고 싶고 아무 말도 듣고 싶지 않아서 엄마에게 나를 가만히 놔둬달라고 부탁한다. 나에게 필요한 '가만히'라는 상태에 대해 몇 번을 설명해도 엄마는 매번 그것을 깨뜨린다. 그놈의 밥 때문이다. 정말 안 맞다. 엄마에겐 밥보다 중요한 게 없는 것 같고 나에겐 밥 같은 건 하나도 중요하지 않을 때가, 그래서 가만히 있고 싶을 때가 아주 많다.

엄마가 낳은 나란 아이는 하필 정서적으로 너무 예민한 아이였고, 엄마는 하필 그런 정서적 지원을 할 수 없는 보호자였고, 그건 그냥 비극이었다는 걸 안다. 이제는 엄마가 엄마가 아니라 그냥 무선으로 살았으면 좋겠다는 마음도 진심이다. 그래서 우리 사이에는 '가만히'라는 상태가 절실하다. 서로가 서로에게 어떤 작용도 하지 않는 가만히라는 상태. 내가 나인 것이, 엄마가 엄마인 것이 서로에게 미안하지 않은 상태.

내가 더 이상 엄마를 원망하지 않게 엄마가 나를 좀 도와줬으면 좋겠다. 원망이라는 복잡하고 못난 감정의 덩어리는 혼자서 가볍게 떼낼 수 있는 게 아니라서 누군가의 도움이 필요하다. 하지만 엄마에겐 나의 그 덩어리를 차분하게 응시할 용기가 아직 없는 것 같다. 영원히 생기지 않을 수도 있겠지. 그러면 조금 나은 용기로 잘난 척하는 내가 더 큰 용기를 내서 다른 길을 만들 수 있을까. 그러면 우리 사이에 필요한 말들이 다시 생겨나기도 할까. 아직 잘 모르겠다.

그냥 지금은 엄마가 혼자서 커피숍에 들어가서 케익과 아메리카노를 시키는 용기를 내길 바란다. 고작 그런 용기를.

서로를 살핀다면, 서로가 서로에게 조금씩 보태어 준다면, 더 큰 용기가 흐를지도 모른다.

3부

입력값을 주세요

 좁아진 마음 구석을 넓히는 데는 바다가 탁월하다. 이왕이면 시야가 넓을수록 좋겠지. 저 바다 끝을 무언가가 가로막고 있는 풍경보다는 바다 끝에 바다밖에 없는 풍경이 더 좋겠지. 그런 바다를 알고 있다. 집에서 차로 10분이 안 걸린다. 평소에 일부러 그 바다를 자주 생각한다. 언제나 갈 수 있다고 생각해본다. 생각으로 바다에 가는 연습을 하는 것이다. 포항으로 이사 온 지 1년이 될 때까지도 그 바다에 자주 가지는 않았다. 익숙한 곳이 아니어서 갑자기 흔쾌히 갈 수 없었기 때문이다. 처음엔 고작 10분 거리인 바다에 가는 것도 어려웠지만 이제는 그 정도면 내 흔쾌함이 닿을 수 있는 범위라고 생각한다. 마음이 조금 좁아진 날에 마음을 넓히러 흔쾌히 그 바다에 갈 수 있다.
 이렇게 쓰면서 좀 걱정이 되는 건 아무도 이런 나를 이해하지 못할 것 같아서다. 내가 얼마나 겁이 많고 얼마나 용기 없고 얼마나 마음이 좁은지, 어디까지 설명을 해야 이런 내 고백이 과장된 투정으로 여겨지지 않을까. 나는 집에서 나와 30초만 걸으면 나오는 공원에 가는 데도 용기가 필요한 사람이다. 이런 사람도 세상에 있다는 것만 알아주기를 바란다. 정말이다.

살아가는 모든 순간이 어렵고 힘들다. 아침에 눈 뜨는 것도 힘들고 밤에 잠드는 것도 힘들다. 밥을 챙겨 먹는 것도, 씻고 화장하는 것도, 옷을 입고 차를 타는 것도. 너무너무 힘들어서 아무것도 하고 싶지 않을 때가 많다. 그럼에도 불구하고 삶을 포기하지 않고 매일 조금씩 한 번이라도 더 혼쾌해지려고 연습하고 있다. 세상에는 이런 사람도 있다. 그리고 이런 나를 좋아하는 사람들도. 그걸 알게 됐을 때 나는 혼쾌해질 용기를 한 움큼 더 얻었다. 그 한 움큼을 소중히 지니고 있다가 매일 조금씩 아껴서 쓴다.

나는 좀 더 혼쾌하고 싶다. 용기를 얻고 싶다. 얻은 용기를 쓰고 싶다. 그러다 보면 한 번씩은 미리 세팅해놓지 않은 값의 혼쾌함도 혼쾌하게 출력할 수 있을지 모른다.

안아주고 칭찬해 주고 귀여워해 주고 엉덩이를 두들겨 주는 것으로 나를 훌쩍 자라게 해준 다정한 친구들과 내 글을 읽어주고 나를 알아차려 주는 사람들에게 무한한 감사와 사랑을 보낸다. 나를 조금 더 좋아해 주기를. 이런 어리광을 부릴 때도 이제는 무섭지 않다.

계속 입력값을 주세요.

○

"기꺼이 믿을 수 있는 마음은 용기에요. 미리 겁내지 않는 씩씩한 마음이요."

3부

퍼즐 맞추기

 몇 가지의 단서만으로도 그림을 맞추어 나가는 사람들이 있다. 내가 던진 부족한 단서만으로도 나라는 사람을 나보다 더 잘 그려내는 사람들. 실제 내 모습보다도 더 아름다운 실루엣으로 완성시키는 사람들을 만날 때마다 그들의 다정한 안목이 나오는 힘의 원천이 뭘까 궁금해진다. 그렇게 놀라운 능력은 어디에서 나오는 걸까.

 누군가 나를 알아봐 준다는 게 얼마나 가슴 벅찬 일인지 모른다. 그러니까 나의 숨겨진 대단함 같은 걸 알아보는 게 아니라 그냥 나를 나로 알아봐 주는 것 말이다. 기적 같은 일이다. 누군가 내 이야기를 들어주는 게, 심지어 좋아한다는 게, 찬찬히 들여다보고, 부족한 퍼즐 조각만을 보고도 어떤 풍경인지 단박에 알아채 준다는 게, 그런 사람들을 만난다는 게 모두 기적 같다.
 나는 별난 사람이었고 너무 예민해서 엄마도 버거

워하는 딸이었는데. 나의 조심스러움을 다른 모양이 아니라 그저 조심스러움으로 알아주고, 내가 건네는 다정을 아무것도 묻히지 않은 모양 그대로 받아들이는 사람들을 만나는 게, 그런 일들을 겪는 게 너무 대단한 기적 같아서 자꾸 슬퍼진다.

이번 여름 네 명의 작가와 함께 책 『달빛에 기댄 시간에 남아있는 것들』의 북토크를 가졌다. 그때 독자 한 분이 남겨준 쪽지에 이런 말이 적혀 있었다. 내보여도 괜찮을 슬픔이 계속 이어지기를 응원하겠다고. 그 메모가 너무 슬퍼서 자꾸 울고 싶었다. 슬프다고 말하면 뭐가 그렇게 슬프냐고, 그만 슬퍼하라는 말만 많이 들어왔는데. 내가 정말로 위로를 얻고 싶었던 상대들은 나에게 모두 그렇게 말해왔는데.

너는 왜 그렇게 슬퍼. 그런 말을 앞에 두고 있으면 가끔 내가 나쁜 사람이 된 것 같았다. 내가 슬퍼하면 누군가가 싫어하니까 슬픈 걸 자꾸 감추게 되었다. 그러나 슬픈 건 그냥 슬픈 게 아닐까. 좋거나 나쁜 게 아니라 그냥 슬픈 거. 조심스러운 것 역시 그냥 조심스러운 건데.

슬픔을 슬픔으로, 조심스러움을 조심스러움으로, 다정을 다정으로, 단지 그것으로 알아보는 사람들이 고맙다. 좋다거나 나쁘다고 결론 내리지 않고 너는 슬프구나, 너는 조심스럽구나, 너는 다정하구나, 그냥 그렇게 알아주는 게.

나는 기본값이 슬픔인 사람이다. 스쳐 가는 풍경에도 금세 슬퍼지는 사람이다. 그런 나에게 그만 슬프라고 하지 않고 슬픔을 잘 고백하는 사람이 되라고 말하는 사람이 있어서 나는 좀 더 잘 살 수 있을 것 같다. 지금보다 슬픔을 잘 고백하는 사람이 될 수 있을 것 같다.

글을 쓰고 책을 만들 때마다 단서를 늘려나가고 있다는 생각이 든다. 모이는 단서들로 우리는 점점 더 정교한 퍼즐을 맞출 수 있을 것이다. 그러나 퍼즐을 다 맞추면 나타나는 그림은 겨우 나만이 아닐 것이다. 나와 나 아닌 것들. 나를 둘러싼 것들. 이름을 붙이기 어려운 마음과 마음 모두. 빛나는 것들. 가려진 것들. 사이와 사이에 떨어진 부스러기들. 이름이 사소하다는 이유로 빛을 잃어가지만 실은 엄청나게 중요한 것들….

그런 그림이 나타나는 퍼즐을 우리가 함께 맞춰나갈 수 있도록 단서들을 모아주기를 바란다. 함께 슬픔을 노래하는 동안에는 외롭지 않을 것이다. 함께 조금 우는 동안에는 용기도 생겨날 것이다. 노래가, 우는 게, 용기 같은 게 다 무슨 소용이냐고 해도 함께하면 다르다. 그게 함께라는 이름의 힘 아닐까.

부록

편지와 노래

부록

편지와 노래

○

"가진 마음에 비해 말이 뭉뚝할 때는
무엇으로 전할 수 있을까요?

너무 좋은 건 이야기하지 못하고
넘어갈 때가 가끔 있어요."

부록

편지와 노래

○

"저예요.

이렇게 시작되는 편지의 좋음을 한참 생각했어요. 다른 설명 없이 그냥 나라고 말하면 충분한 그런 편지요. 나야. 나 왔어. 그런 말들의 생생함이 좋아요.

지우려다 지우지 않는 마음의 크기도 생각해요. 조그맣게 보였는데 어느 순간 주변을 꽉 채우는 온기를 내뿜는 마음이요. 작은 마음들이 자꾸 소중한 이유가 거기에 있는 건 아닐까요? 아마 알아주실 것 같아서 벌써 기쁜 마음이에요."

부록

편지와 노래

○

"눈길.
그건 얼마나 가냘픈 길인지.
방금까지 우리 사이를 잇던 길이
분명히 있었는데 눈 깜짝할 새
끊어지곤 해요. 사라지는 게 마냥
아쉬운 길이에요.

나는 용기나 의지, 희망, 기대,
애정 같은 것이 그 길 위에 있다고
굳게 믿고 있어요. 그러니 의혹 없는
눈길을 보내주는 이들을 사랑할 수
밖에요."

기탁 씨가 곡을 붙여줄 거라고 믿으며 썼지만, 곡이 떠오르지 않는다고 해서, 누군가 곡을 붙여 주기를 바라며 싣는, 매일 즐겁고 매일 슬픈 사람의 노랫말

매일 즐겁고 매일 슬퍼요
그게 이상한가요?
슬픈 것은 늘 있어요 어디에나 있어요
모르겠다면 어쩔 수 없지만

어두운 골목에도 한낮의 공원에도
슬픈 것은 늘 있어요 어디에나 있어요

당신은 나에게 슬픈 사람이고
그게 싫지만은 않아요
내가 이상한가요?

매일 즐겁고 매일 슬퍼요
그게 이상한가요?
즐거운 것은 늘 있어요 어디에나 있어요
모르겠다면 어쩔 수 없지만

편지와 노래

한낮의 골목에도 어두운 공원에도
즐거운 것은 늘 있어요 어디에나 있어요

당신은 나에게 즐거운 사람이고
그게 좋지만은 않아요
내가 이상한가요?

매일 즐겁고 매일 슬퍼요
그게 이상한가요?

●

좋은 풍경은 언제나 아름다움을 품고 있어. 예를 들면 아무 때의 헝클어진 바다나 강처럼. 걔네들은 아무 준 게 없이 있어도 늘 아름답잖아. 좋은 재능을 보는 것도 비슷해. 네 삶이 바다나 강처럼 계속 흘러가는 것만 봐도 좋아. 간단히 말하면 네가 더 잘 쓰는 모습을 보고 있는 게 좋아. 이럴 때가 아니면 언제 이런 말을 하겠어. 앞으로도 좋은 책을 기다릴게. 좋은 풍경처럼 언제 봐도 아름다운 그런 글들 말이야.

2020. 06. 13.
가람.

●

좋아하는 사람에게 좋아한다고 말할 때도 용기는 필요한걸.

수영,

수영의 글은 나란히 무릎을 맞대고 누웠던 경주의 어느 날을 떠올리게 해요. 공기 사이로 옅게 느껴지는 습기와 초록의 냄새, 낮게 색을 바꾸며 하루가 저무는 시간의 하늘, 수영의 구구절절 조잘조잘한 음성들 사이로 생경해지는 마음들, 온도를 높이며 세상을 초록으로 길러내는 어느 여름날과 수영의 글이 닮았다고 생각하면서.

제주의 버스를 기다리며 기다리는 일에서도 용기를 발견하는 사람, 사랑에 취약해서 세상의 모든 것으로부터 사랑을 발견하는 사람, 사랑을 말하고 표현하기에 언제나 진심인 사람, 형형색색의 에어베드를 펼치기 위해 사방팔방 뛰어다니기를 주저하지 않는 사람, 빵빵하게 차오르는 에어베드가 수영의 마음인 것 같아 일부러 지켜보고 있다는 걸 아는지 모르는지. 그런 수영이 단어와 단어 사이에 숨겨둔 사랑을 발견하면서 수영의 글을 읽어요.

마음에 사랑을 잃어갈 때 모든 것으로부터 사랑을 발견할 수 있도록, 사랑의 말들이 온도를 높이며 서로를 길러낼 수 있도록 오래오래 쓰는 사람이 되어주세요. 가까이에서 멀리에서 늘 마음을 보태며 아무 목이 되어줄게.

2020. 늦여름.
구구절절과 구질구질 사이,
재은.

.

○

여기 작은 섬이 있습니다
등을 둥글게 말고 눕거나
얼굴을 묻을 수도 있어요

우는 마음도 쉼도 있는
작은 섬

이불섬
(2018~)

아무도 깜디의 행복을 고민하지 않는 것 같아서, 잘 살기 위해 애쓰는 동안 남겨진 존재가 불행하다면 글도 책도 잘 사는 것도 아무 의미가 없다는 생각이 들어서, 1인 1견 출판사를 표방하기로 했다.
글을 쓰고 책을 만들기에 앞서 지금 함께 잘 살고 싶다. 잘 살아야 잘 쓸 수도 있다. 이불섬은 그런 삶을 위한 우리의 작은 섬이지만, 우리 둘만의 섬은 아니다. 지금, 함께, 쉬고 울 수 있기를.

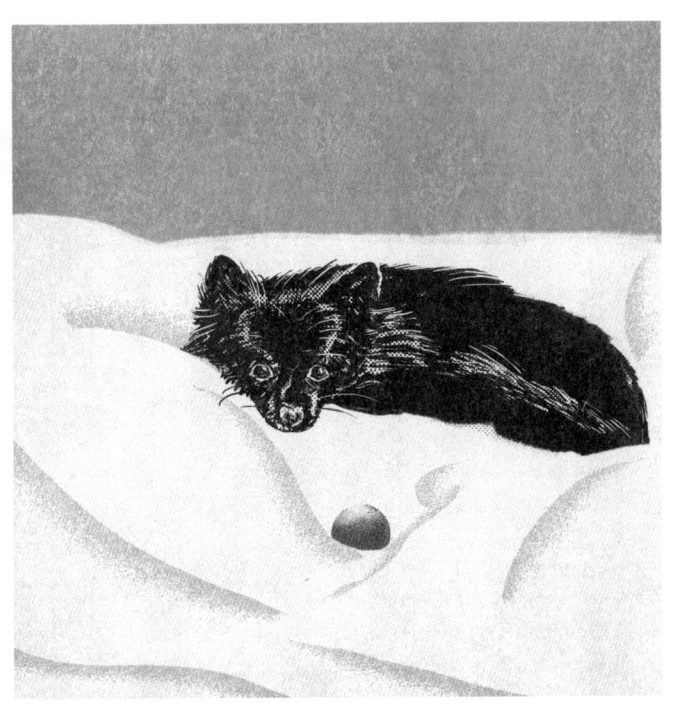

황수영 산문집

아무 목이나 끌어안고
울고 싶을 때

초판 1쇄 발행 2020년 11월 16일
9쇄 발행 2025년 12월 25일

지은이 황수영
편집 황수영
일러스트 및 디자인 tabacobooks

발행처 이불섬
발행인 황수영
출판등록 2018년 7월 4일 제504-2018-000004호
이메일 warmjday@naver.com

ISBN 979-11-964313-2-7 03810

ⓒ 황수영, 2020
이 책은 저작권법에 의하여 보호를 받는
저작물이므로 무단 전재와 복제를 금합니다.